AS DEZ LEIS DA CONFIANÇA

JOEL PETERSON
DAVID A. KAPLAN

AS DEZ LEIS DA CONFIANÇA
OS VÍNCULOS QUE CONSTROEM RELAÇÕES SÓLIDAS E GRANDES NEGÓCIOS

Tradução de
ALESSANDRA BONRRUQUER

1ª edição

EDITORA RECORD
RIO DE JANEIRO • SÃO PAULO
2019

CIP-BRASIL. CATALOGAÇÃO NA PUBLICAÇÃO
SINDICATO NACIONAL DOS EDITORES DE LIVROS, RJ

P575d

Peterson, Joel
  As dez leis da confiança: os vínculos que constroem relações sólidas e grandes negócios / Joel Peterson, David A. Kaplan; tradução Alessandra Bonrruquer. – 1ª ed. – Rio de Janeiro: Record, 2019.

  Tradução de: The 10 laws of trust
  Inclui índice
  ISBN 978-85-01-11689-5

  1. Liderança. 2. Liderança – Aspectos morais e éticos. 3. Ética empresarial. 4. Confiança. 5. Comportamento organizacional. I. Kaplan, David A. II. Bonrruquer, Alessandra. III. Título.

19-56155

CDD: 658.4092
CDU: 005.32:316.46

Leandra Felix da Cruz – Bibliotecária – CRB-7/6135

Copyright © Joel C. Peterson com David A. Kaplan, 2016
Publicado em acordo com a Harper Collins Leadership, um selo da Harper Collins Focus, LLC

Título original em inglês: The 10 laws of trust

Todos os direitos reservados. Proibida a reprodução, armazenamento ou transmissão de partes deste livro, através de quaisquer meios, sem prévia autorização por escrito.

Texto revisado segundo o novo Acordo Ortográfico da Língua Portuguesa.

Direitos exclusivos de publicação em língua portuguesa para o Brasil
adquiridos pela
EDITORA RECORD LTDA.
Rua Argentina, 171 – 20921-380 – Rio de Janeiro, RJ – Tel.: (21) 2585-2000, que se reserva a propriedade literária desta tradução.

Impresso no Brasil

ISBN 978-85-01-11689-5

Seja um leitor preferencial Record.
Cadastre-se em www.record.com.br
ereceba informações sobre nossos
lançamentos e nossas promoções.

EDITORA AFILIADA

Atendimento e venda direta ao leitor:
sac@record.com.br

Para Diana, minha parceira de confiança há 44 anos

"Um homem que não confia em ninguém tende a ser um homem no qual ninguém confia."

— Harold Macmillan

"Ser digno de confiança é um elogio maior que ser amado."

— George MacDonald

SUMÁRIO

Prefácio, por Stephen Covey — 11
Introdução — 17

O poder da confiança — 19
   1ª lei: Comece com a integridade pessoal — 31
   2ª lei: Invista no respeito — 37
   3ª lei: Empodere outros — 45
   4ª lei: Mensure o que você quer realizar — 55
   5ª lei: Crie um sonho comum — 61
   6ª lei: Mantenha todo mundo informado — 71
   7ª lei: Acolha o conflito respeitoso — 79
   8ª lei: Demonstre humildade — 87
   9ª lei: Procure negociações mutuamente vantajosas — 93
   10ª lei: Prossiga com cuidado — 99
Restaurando a confiança — 105

Agradecimentos — 117
Índice — 121

PREFÁCIO

por STEPHEN COVEY

Jamais me esquecerei do dia em que conheci Joel Peterson. Foi em novembro de 1985. Eu acabara de ser contratado pela Trammell Crow Company, na época a maior incorporadora imobiliária dos Estados Unidos. Joel era diretor financeiro e, na prática, estrategista da companhia.

Como jovem profissional em seu primeiro emprego "real", conhecer o homem que era considerado o número 2 da companhia obviamente foi um grande momento. E, mesmo assim, o que mais me marcou naquele dia foi sua extraordinária reputação com aparentemente *todo mundo*. Relativamente jovem, ele já era uma lenda, e todos comentavam seu brilhantismo e sua integridade. Após conhecê-lo e passar algum tempo com ele, fiquei similarmente impressionado por seu caráter e sua competência e disse à minha esposa: "Todo mundo confia no Joel. Quero ser como ele em minha vida profissional."

Anos depois, foi muito empolgante ter a oportunidade de ser pessoalmente aconselhado por ele quando ocupou o cargo de vice-presidente do conselho do Covey Leadership Center, fundado por meu pai, o falecido dr. Stephen R. Covey. Eu era CEO e, sob orientação de Joel, aprendi muitas coisas que influenciaram significativamente minha liderança, incluindo o discernimento que flui da perspectiva mais ampla que ele chamava de "levar tudo em consideração", a grande importância de focar na criação de valor para os clientes e o poder da simplicidade. Por meio de minha associação com Joel, também experimentei em primeira mão o impacto da credibilidade e da confiança. Em parte como resultado de sua influência, foquei intencionalmente na construção de uma cultura de alta confiança no interior de nossa organização e entre todas as partes interessadas. Esse foco mudou o jogo para nós. Nosso desempenho melhorou enormemente — e nos divertimos muito mais pelo caminho!

Tendo desde então devotado vida e carreira ao que sinto ser minha vocação — ajudar líderes e organizações a criar e alavancar confiança —, senti-me lisonjeado e honrado quando Joel me convidou para escrever o prefácio deste livro soberbo, *As dez leis da confiança*.

Antes que você comece a ler, gostaria de fazer um convite pessoal. Convido você a considerar um relacionamento ou uma situação profissional particularmente desafiadora que esteja enfrentando agora. Vamos supor que você tenha um bom entendimento de suas circunstâncias atuais e de como chegou até elas, mas que o caminho à frente não esteja claro.

Agora imagine que você terá acesso aos insights e conselhos inigualáveis de um líder empresarial, investidor e professor que trabalhou diretamente com mais de 2.300 empresas, centenas de sócios e milhares de líderes durante uma carreira de mais de quarenta anos, além de ter ensinado a muitos futuros líderes em Stanford. Imagine também que esses insights e conselhos serão fornecidos de uma maneira envolvente e muito prática.

É exatamente isso que está disponível em *As dez leis da confiança*. Neste livro notável, você poderá obter insights, sabedoria, habilidades e coragem para avançar no relacionamento ou situação que enfrenta agora, assim como em muitas outras circunstâncias desafiadoras e — por que não? — oportunidades excitantes que surgirem em sua vida.

Deixe-me explicar por que posso dizer isso com tanta certeza. Há mais de 25 anos, meu foco tem sido ajudar as pessoas a compreenderem e implementarem o poder da confiança, a fim de que possam ter acesso à maior velocidade, aos menores custos, aos níveis mais altos de energia e às alegrias fundamentais que resultam de confiar e ser digno de confiança. Nesse processo, aprendi três verdades básicas.

1. **A confiança é um motor econômico.** Enquanto analisava minhas pesquisas e experiências para escrever meu próprio livro, *A velocidade da confiança*, tornou-se incontestavelmente claro que ela não é meramente uma virtude social branda e "agradável de se ter", mas sim um motor econômico que afeta tanto a velocidade na qual podemos nos mover quanto os custos envolvidos. Simplificando, a alta confiança é um dividendo e a baixa confiança é um imposto. Na verdade, em um mundo com níveis cada vez mais baixos de confiança, ela se tornou literalmente a nova moeda da economia global. As experiências pessoais narradas por Joel e suas análises e observações perspicazes sobre os principais eventos empresariais que chegaram às manchetes nas últimas décadas confirmam essa realidade. As empresas, os líderes e os educadores que ele cita ressaltam que o sucesso duradouro deriva de princípios também duradouros, particularmente da confiança.

2. **A confiança muda tudo.** Ela é a principal competência de liderança de que necessitamos hoje, especialmente pelo modo como afeta todas as outras. Todas as coisas de que necessitamos para nos sairmos bem como líderes — inovar, colaborar, formar parcerias e times, atrair, reter e envolver pessoas, executar, vender, liderar mudanças — podem ser feitas de uma maneira melhor quando começamos com a confiança. Ela é um *multiplicador* de todas essas competências, criando um efeito cascata que pode ter impactos positivos não somente em nossas organizações, mas em toda a sociedade.

3. **A confiança pode ser aprendida.** Ela não é domínio apenas de alguns poucos privilegiados que possuem carisma ou certas características de personalidade. É uma competência, um conjunto de atitudes e habilidades que podem ser adquiridas e sustentadas por qualquer um disposto a pagar o preço. Como ilustra a obra de Joel, organizações duradouras são criadas por líderes e pessoas que se destacam nessa competência, que entendem e praticam as crenças fundamentais de *ser confiável* e *se comportar* de maneira a inspirar confiança. Com suas dez leis, Joel fornece um guia maravilhosamente abrangente de como fazer isso.

E seu livro é poderosamente condizente com essas três verdades. Além disso, como já mencionei, o próprio autor é uma fonte extremamente confiável. Criou, liderou, investiu e orientou organizações muito bem-sucedidas. Construiu culturas de alta confiança. Viveu e modelou as dez leis que defende. Eu o vi demonstrar com excelência cada um dos três elementos de sua definição de confiança: caráter, competência e autoridade. Testemunhei sua profunda integridade, sua competência como investidor e líder organizacional e o modo idôneo como exerce e alinha autoridade.

Uma vez que apresenta suas dez leis de maneira muito prática, elas são relativamente simples (embora não fáceis) de aplicar. Quando comecei a estudar confiança, descobri que muitos dos livros publicados eram simplistas e ingênuos demais ou então filosóficos e acadêmicos demais. Eles partilhavam teorias, mas não práticas suficientes para permitir que as pessoas incorporassem tais teorias a suas vidas e carreiras. Ao contrário, as dez leis de Joel aliam princípios duráveis a poderosas aplicações práticas que você pode implementar imediatamente no mundo real.

Para mim, uma das partes mais impactantes do livro é o capítulo final, sobre restaurar a confiança. É um assunto que também explorei em *A velocidade da confiança*, e estou convencido de que é um foco essencial para a sociedade atual, com tantos líderes alquebrados, promessas descumpridas e culturas fragmentadas precisando ser restaurados através do comprometimento e da observância de princípios duradouros. Meu pai ensinava, sabiamente: "Não é possível resolver com palavras um problema criado por atitudes." Embora concorde, também aprendi que frequentemente é possível resolver com *atitudes* os problemas criados por elas. Em muitas situações, você *pode* restaurar a confiança, e a experiência e o insight de Joel demonstram onde isso pode ser possível, onde pode ser prudente e como pode ser feito. Que incrível esperança isso dá àqueles que lidam com questões relacionadas à confiança perdida!

Por todas essas razões — e outras mais —, estou firmemente convencido de que o tempo que você investirá considerando seus atuais desafios profissionais enquanto lê *As dez leis da confiança* gerará imenso retorno. Além disso, dará a você uma sólida fundação para lidar com outras questões no futuro e — ainda mais importante — criar comportamentos e culturas de confiança que lhe permitirão, desde o início, evitar muitos dos desafios que atrapalham outros líderes e empresas, e chegar a uma posição que maximize tudo aquilo que pode dar certo.

Em resumo, em nosso mundo incerto e sempre em mutação, Joel fornece uma poderosa e prática base de princípios imutáveis. Entendendo e aplicando as dez leis, nos tornaremos pessoas e líderes nos quais se pode confiar e que confiam nos outros. É minha crença e minha esperança que este livro nos ajudará a desenvolver a perspectiva e o discernimento para inspirar e estender a confiança deliberadamente, de modo que cada um de nós possa gozar de mais prosperidade, energia e alegria em todas as dimensões da vida. Ao fazermos isso, o resultado final será que, juntos, seremos capazes de aumentar a confiança — e seus benefícios — em todo o mundo. E assim continuaremos a transformá-lo em um lugar melhor para todos nós.

Stephen M. R. Covey

Autor de *A velocidade da confiança*, da lista de mais vendidos do *New York Times* e número 1 da lista do *Wall Street Journal*, e cofundador da FranklinCovey's Trust Practice

INTRODUÇÃO

Não possuo o gene da paranoia. A despeito das recomendações de vários manuais de gerenciamento desde Maquiavel, sou naturalmente inclinado a confiar nas pessoas: espero que sejam fidedignas e estou predisposto a acreditar que farão o que afirmam que irão fazer.

Minha vida é um testemunho do poder da confiança, como presidente de conselho, professor, empreendedor do mercado imobiliário, investidor em capital de crescimento, pai de sete filhos e marido há 44 anos. Meus pais confiaram em mim, minha mulher sempre acreditou que eu resolveria as coisas muito antes de eu fazer isso e meus primeiros sócios me concederam independência com base em pouco mais que instinto. Esses relacionamentos de alta confiança mudaram minha vida e permitiram que eu fizesse muito mais do que minhas habilidades naturais teriam permitido prever. E realizei muito mais coisas confiando nos outros do que teria realizado através da desconfiança.

De fato, aprendi que confiar significa dar um salto de fé, como parte necessária de ceder o controle a outra pessoa. Em função de experiências tristes, agora sou melhor em selecionar em quem confio, e insisto em estabelecer uma cultura na qual a confiança possa florescer. Compreendi que se trata de um processo dinâmico, com regras que devem ser mantidas, resultados que precisam ser autenticados e falhas que podem exigir correção. Mas não sofro da síndrome de Poliana: reconheço que não se pode eliminar a possibilidade de perigo. A confiança inescapavelmente implica riscos.

Então, por que confiar? Porque funciona, na maior parte do tempo. As pessoas não somente realizam mais, em um espírito cooperativo, ao buscar resultados nos quais todos vencem em vez de instalar a parafernália da paranoia, como simplesmente são muito mais felizes quando vivem em um mundo de harmonia e cooperação.

Quando se trata de construir empresas excepcionais, o trabalho de um líder não é chegar sozinho ao topo da montanha. Sua tarefa é auxiliar os outros a chegarem aos topos que *eles* querem escalar, mas podem não conseguir sem ajuda. Descobri que chegar aos cumes mais altos deixa pouco tempo para a desconfiança ou para a total dependência dos manuais de conformidade. Empreendedores podem ser criticados por manterem um número insuficiente de mecanismos de controle ou confiarem rapidamente demais em seus sócios. Talvez seja assim em alguns casos. Mas o custo da alternativa pode ser muito mais alto: a suspeita sempre presente, os acordos legais blindados, a cautela e a reticência nos relacionamentos interpessoais — os marcos da desconfiança — podem desacelerar as coisas, afastar as pessoas mais confiáveis e inibir a inovação. Empreendimentos de alta confiança, em contrapartida, exigem que os membros da equipe, como alpinistas em uma escalada técnica, estejam ligados entre si, dependendo uns dos outros para chegarem juntos ao topo. Experimentar esse tipo de confiança é realmente estimulante.

Os objetivos deste livro são 1) examinar o que é a confiança, 2) apresentar métodos para aproveitá-la e 3) analisar como restaurá-la ou se recuperar de sua quebra. Após meio século de uma vida devotada à liderança, espero que as dez leis que se seguem ajudem os leitores a construir organizações de alta confiança e a se tornarem mais felizes, otimistas e bem-sucedidos.

O PODER DA CONFIANÇA

Nos negócios, assim como na vida, confiança é fundamental. Todos a apreciamos. A maioria de nós acha que a merece. Poucos acreditam tê-la violado. Mas o que, exatamente, ela é? Em essência, confiar significa ceder voluntariamente certa medida de controle a outro — seja uma pessoa, organização ou instituição —, sem as redes de segurança aparentes de um contrato ou outros meios de coerção. Embora confiemos com a expectativa de sermos respondidos na mesma moeda, a vulnerabilidade é a marca psicológica da confiança. Estamos assumindo um risco, às vezes com base em evidências limitadas. A confiança é um salto de fé enraizado no otimismo.

Pensamos pouco nela, inconscientes de como permeia os relacionamentos. Sócios contam com sócios, funcionários com funcionários, empresas com empresas, nações umas com as outras e famílias com seus membros. E, em um mundo no qual a economia P2P ganha ascendência — com indivíduos partilhando carros, barcos e apartamentos —, a confiança é ainda mais indispensável. Compreender seus alicerces é cada vez mais importante conforme as empresas se tornam mais globais, competitivas e cultural e demograficamente diversificadas. Cada nova linha de confiança bem fundamentada acrescenta força e riqueza à complexa tapeçaria de nossas entrelaçadas vidas econômicas e pessoais.

Mas a confiança não ocorre simplesmente. Exige iniciação, cuidados, avaliações e reparos. Ela é conquistada. Constrói-se com o tempo, estimulada não somente pela decência, mas também pelo autointeresse esclarecido, um reconhecimento de que funciona para o benefício de todos. Como lubrificante, acelera a tomada de decisões, resulta em acordos ao mesmo tempo duráveis e flexíveis, e torna a vida infinitamente mais prazerosa. Cria laços entre sócios, clientes e fornecedores de uma organização; laços que, por sua vez, aceleram a habilidade dessa organização de cumprir suas promessas a cada grupo. Mas não é nem um fim em si mesma nem meramente uma técnica para se obter os resultados desejados. É o sistema operacional de uma vida bem vivida.

Há poder em ser confiável. Na economia da confiança, o que vai volta. Quanto mais cuidamos dos outros, mais eles cuidam de nós. Quanto mais confiamos, mais confiança recebemos. Quando a confiança é o meio de troca, as pessoas colaboram e o altruísmo pode crescer, novamente para benefício de todos.

Os biólogos evolucionistas David Sloan Wilson e E. O. Wilson propuseram um exercício intelectual para demonstrar o poder relativo do egoísmo *versus* generosidade: dois grupos são colocados em ilhas separadas, sem maneiras de se comunicar. Em uma ilha, é cada um por si. Na outra, todos trabalham juntos para atingir objetivos mais amplos. Algumas gerações depois, teremos duas sociedades muito diferentes: uma em estado de constante e quase psicótico conflito, outra bem-sucedida e harmoniosa. Resumindo o argumento essencial em favor da construção da confiança, os cientistas concluíram: "O egoísmo vence o altruísmo no interior dos grupos. Grupos altruístas vencem grupos egoístas. Todo o restante é comentário."

Dito de modo mais simples, organizações de alta confiança (altruístas) prevalecem sobre organizações de baixa confiança (egoístas) e, com o tempo, líderes de alta confiança são mais bem-sucedidos que líderes de baixa confiança. Compare os altos níveis de confiança das legendárias equipes montadas por Alan Mulally na Boeing e depois na Ford com aqueles da Enron, na qual sucessos temporários terminaram em um fracasso espetacular. Igualmente importante, grupos egoístas (de baixa confiança), além de perderem para grupos altruístas (de alta confiança), apresentam infelicidade no interior de suas fileiras. Basta revisar o best-seller do professor da Universidade de Stanford Bob Sutton, *The No Asshole Rule* [A regra "Proibido babacas"], para ver como comportamentos desconfiados no ambiente de trabalho prejudicam a produtividade e o moral.

Como o ar, a confiança é invisível e, quando abundante, pouco valorizada. Mas, também como o ar, as pessoas precisam encontrar maneiras de lidar com sua escassez. Quando surgem suspeitas, as pessoas buscam documentos legais, manuais de política interna e outras medidas profiláticas: o tecido cicatricial da baixa confiança. Pior ainda, quando a confiança desaparece totalmente, as respostas ao dano resultante podem variar de desistir completamente a se agarrar ao poder, de ameaçar a litigar.

Não se iluda: gerar e manter a confiança é um trabalho duro. Ela pode ser frágil. Basta um mau ator para danificá-la. Uma única mentira pode destruir uma reputação de confiabilidade que levou uma vida inteira para ser construída. Seja na sala do conselho, na diplomacia ou na literatura — Hewlett-Packard, César ou Otelo —, a traição é um veneno. A empresa de investimentos de Bernard Madoff e a WorldCom de Bernie Ebbers viverão para sempre nos anais da infâmia capitalista. Há uma boa razão para ser chamado de Iago estar entre as piores nódoas em uma reputação.

No entanto, se você vive em um mundo de suspeita ou egoísmo, pode nem mesmo estar consciente de que você e seus colegas são como corredores de uma equipe de revezamento arrastando pesados tanques de oxigênio a fim de lidar com o baixo suprimento de confiança. Pode não notar que sua atenção passou do potencial de fazer parte de um time vitorioso para a tentativa de evitar o risco de chegar por último. Sua energia é gasta garantindo um substituto para o ar de que gozaria naturalmente em um ambiente de alta confiança. Você ignora inovações, otimizações e ganhos mútuos a fim de se preocupar com ameaças, desvantagens e coerções. Cuida apenas de si mesmo. Como resultado, a baixa confiança gera ainda menos confiança.

As dez leis da confiança que se seguem listam atitudes e comportamentos que você pode adotar para aumentar as chances de que o fluxo de confiança em sua empresa não seja interrompido. Sua implementação impedirá o declínio da confiança e evitará que você gaste toda sua energia para se proteger do comportamento de baixa confiança dos outros.

Os cientistas indicam que uma boa teoria é aquela que prediz resultados, dando-nos um senso de causalidade. Deveríamos esperar correlação entre certos comportamentos e o desenvolvimento previsível da confiança no interior de uma equipe. E, embora ninguém tenha testado cientificamente essas dez leis, passei a vida toda analisando-as para descobrir o que funciona e o que não funciona. Minha conclusão é que investir em confiança cria abundância e é um investimento muito superior a acumular poder, abrigar suspeitas ou se barricar atrás de controles para flagrar maus comportamentos.

Saber em quem confiar, quando confiar e como alimentar a confiança organizacional é a chave para implementar as dez leis. Entender as seguintes regras sobre a própria natureza da confiança — precondições, variedades, alicerces e riscos — prepara um líder para assumir a tarefa de construir uma organização de alta confiança.

1. **A confiança bem fundamentada depende de três condições.** Para permitir de forma segura e confiável que outros ajam em nosso nome — que é o que queremos dizer quando afirmamos confiar neles —, precisamos ser capazes de contar com três alicerces: caráter, competência e autoridade.

- **Caráter** significa que aqueles nos quais confiamos cuidarão de nossos interesses como se fossem seus.
- **Competência** significa que possuem a inteligência, a habilidade e o treinamento necessários para conseguir os melhores resultados.
- **Autoridade** significa que possuem o poder de cumprir suas promessas.

Quando essas três condições estão presentes, a confiança se desenvolve naturalmente, quase como reflexo. Mas, quando qualquer um desses três elementos está ausente, a confiança sai de férias. Na ausência de qualquer um deles, confiar não é esperteza, mas ingenuidade, e a eventual traição é quase certa.

Aqueles que atendem a essas três condições para receber nossa confiança (caráter + competência + autoridade) quase sempre possuem uma visão mais ampla do propósito da vida que meramente assegurar o melhor resultado pessoal em toda transação, conversa e negociação. Pessoas que veem a vida como uma maratona, e não como uma corrida de curta distância, como uma narrativa na qual tudo está conectado, são as melhores apostas para a confiança de longo prazo. Elas tendem a possuir um autointeresse esclarecido que leva tudo em consideração. Escolhem agir em função da crença de que comportamentos confiáveis geram dividendos, nem que seja apenas na harmonia resultante de relacionamentos duráveis e de alta confiança. Possuindo a profunda crença de que são responsáveis por mais que apenas seus próprios interesses, é simplesmente improvável que traiam a confiança de outrem.

2. Há três tipos de confiança.
Ao construir uma organização de alta confiança, é preciso entender as três formas que a confiança pode assumir: recíproca, representativa e pseudo.

> **a.** A confiança recíproca (ou mútua) existe entre pessoas que defendem os interesses umas das outras por amor, dever ou autointeresse esclarecido. Mais prevalente entre cônjuges e outros familiares, também pode ser encontrada entre sócios interdependentes. Como em uma equipe de revezamento, seus praticantes (e beneficiários) sabem que o desempenho combinado será superior aos melhores esforços de qualquer membro individual. Assim, em relacionamentos de confiança recíproca, os resultados dos esforços individuais são multiplicados e previsivelmente superiores aos esforços independentes de qualquer membro. Objetivos partilhados

são atingidos mais rápida e duravelmente do que quando cada um cuida apenas de si mesmo, sem confiar nos colegas e cauteloso em relação aos líderes. Ninguém em uma equipe de revezamento se preocupa que a pessoa seguinte a receber o bastão possa dar uma volta mais rápida. E nenhum corredor individual supera uma equipe de revezamento 4 × 100.

b. A confiança representativa é a forma mais comum de dependência. Quando elegemos alguém ou contratamos um advogado, por exemplo, entregamos a eles nossa confiança, esperando que seja honrada. Crianças pequenas dependem dos pais para representá-las, e os pais honram essa confiança protegendo seus interesses. Similarmente, médicos e outros profissionais honram nossa confiança ao salvaguardarem nosso bem-estar, pedindo que forneçamos boas informações em troca. A economia desigual da administração representativa torna possível a especialização necessária para atingir objetivos complexos. Na ausência de confiança representativa, a sociedade se fragmenta. Ninguém pode produzir ou se especializar em tudo; todos precisamos confiar nos profissionais para representar lealmente nossos interesses.

Finalmente, sob o rótulo da confiança opera sua contraparte, a pseudoconfiança, o alinhamento temporário de seus interesses com os de outros. Embora a pseudoconfiança necessariamente forme a base de muitos relacionamentos econômicos contratuais, esse arranjo conveniente não deve ser confundido com a coisa real. Como governante de ações de curto prazo, ela tem menos a oferecer e, na verdade, pode minar os esforços para construir uma cultura colaborativa de alta confiança. No fim, quase invariavelmente leva a um pensamento episódico de curto prazo e, quando as condições mudam, a uma possível traição.

De fato, muitos daqueles que não pagam o preço para gerar confiança genuína recebem temporariamente alguns de seus benefícios ao se alinharem com os autointeressados. Mas a pseudoconfiança é perigosa. Pedir carona para os próprios interesses nos interesses de uma contraparte pode parecer confiança autêntica, mas somente até que tais interesses divirjam. Como os chefes mafiosos que prosperavam através da dependência mútua baseada no medo e na cobiça, os indivíduos em um arranjo de pseudoconfiança (o inimigo do meu inimigo é meu amigo, por exemplo) com frequência descobrem que ela raramente leva a algo mais do que segurança passageira dos interesses comuns. Útil por uma temporada, está destinada a falhar se as circunstâncias mudarem. Os eleitores muitas vezes confiam em políticos para apoiar causas que lhes são importantes, sem perceber que o interesse primário de um político é ser reeleito. Esses eleitores estão destinados a experimentar a traição de uma mudança de posição — a quebra da pseudoconfiança — no minuto em que sua causa já não apelar à maioria da base eleitoral.

3. **Motivadores subjacentes estabelecem níveis potenciais de confiança.** Intuitivamente, sabemos que há diferentes níveis de confiança em diferentes tipos de organização. Organizações sem nenhuma confiança, como prisões, baseiam-se na força. Organizações de baixa confiança, como ditaduras, vivem do medo. Na maioria das organizações comerciais, o motivador é a recompensa. Somente organizações de alta confiança são motivadas pelo amor e pelo dever, por um senso de propósito, missão e até mesmo vocação. Os laços entre pais e filhos frequentemente geram esse tipo de confiança em uma família, por exemplo.

Embora combinações desses motivadores estejam presentes em momentos diferentes na maioria das organizações, somente aquelas nas quais todos se sentem responsáveis e partilham um senso de propósito ou missão serão consistentemente impulsionadas por motivadores de alto nível como dever ou amor. Como ilustra a Figura 1, há uma hierarquia de motivadores. A vida média da força motivadora cresce conforme nos movemos da esquerda (força) para a direita (amor) e a fonte motivadora se move de extrínseca para intrínseca.

Naturalmente, a confiança aumenta quando as pessoas se identificam com a missão de uma organização e contam com líderes e funcionários também comprometidos com ela. O que tende a motivar as pessoas no interior de uma organização nos diz que nível de confiança podemos realisticamente esperar.

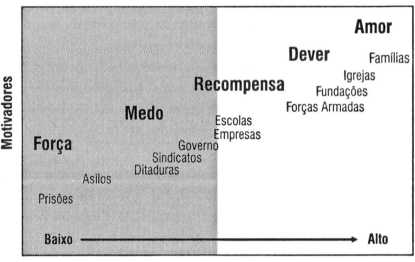

Figura 1. Nível de confiança por organização

A boa notícia para os líderes é que, com exceção de prisões e asilos, os níveis de confiança não são fixados pela natureza da organização. Como líder, você pode mover a agulha. O objetivo de qualquer líder deve ser mover-se para a ponta de alta confiança do espectro e, consequentemente, basear-se em missão, afeto, propósito e dever. E é aqui que seguir as dez leis da confiança pode fazer toda a diferença.

4. **Com o declínio da confiança, as pessoas se agarram ao poder.** Outra maneira de contrastar organizações de baixa e de alta confiança é comparar o papel do poder na obtenção dos fins desejados. Em organizações de baixa confiança, o poder desempenha papel-chave

na realização dos objetivos. Em organizações de alta confiança, a autoridade ainda é vital, mas tende a ser distribuída e seu objetivo é uma missão partilhada. E ela é vista não como ativo pessoal a ser empregado pelos líderes em benefício próprio, mas como dever para com aqueles que a concederam e responsabilidade daqueles que a exercem. A Figura 2 compara como os líderes veem o poder em organizações de baixa e alta confiança.

PODER	Baixa confiança	Alta confiança
NATUREZA	Ativo pessoal (para benefício próprio)	Administração (em nome dos interesses daqueles que concederam o poder)
FONTE	Política √ Quebrar regras √ Fazer ameaças plausíveis √ Autopromover-se √ Empregar uma série de técnicas	Confiança √ Conhecimento √ Competência √ Discernimento √ Trabalho duro √ Comportamento fiduciário
OBJETIVO	Conseguir coisas (dinheiro, saúde, necessidades intrínsecas) ... e o tautológico "obter resultados"	Atingir os objetivos comuns (consistentes com os valores)
MENTALIDADE	"O importante sou **EU**."	"O importante é a **missão**."
POR QUÊ?	Porque **o mundo é injusto** — > Preciso tentar ser o número 1	Porque **o mundo** (às vezes) **é injusto** — > Preciso cuidar daqueles que me concederam o poder

Figura 2. Como os líderes veem o poder

Em *Power: Why Some People Have It — and Others Don't* [Poder: por que algumas pessoas o possuem e outras não], o professor de Stanford Jeff Pfeffer afirma que o poder flui para aqueles que quebram regras, fazem ameaças plausíveis, promovem a si mesmos e o exercem como técnica para coagir outros: a essência de uma organização de baixa confiança. Em organizações de alta confiança, contudo, tais comportamentos são anátemas. A tese de Pfeffer ignora a essência das organizações de alta confiança e de seus líderes. O poder nessas organizações não deriva de maquinações ou técnicas. É menos imposto que livremente concedido. O poder durável deriva da confiança e é distribuído como expressão dela.

Como Rod Kramer, outro professor de Stanford, observou: "O poder sem confiança parece uma vitória vazia para um líder e uma frágil plataforma a partir da qual liderar." No fim das contas, apesar de todos os tiranos inescrupulosos e sedentos por poder que obtiveram sucesso (mesmo que apenas por um período), há muitos outros líderes que trabalharam para produzir o bem maior para o maior número de pessoas. Esses líderes de alta confiança desenvolveram organizações duráveis e flexíveis, confiando em suas equipes e trabalhando com elas para conseguir mais que qualquer um deles teria conseguido individualmente.

5. **Confiança implica o risco de traição.** Embora relacionamentos de confiança possam evidentemente terminar por mútuo acordo, eles às vezes terminam em traição. Na verdade, a traição requer a existência de confiança, para começar. Todas as três formas de confiança estão sujeitas à traição potencial: a pseudoconfiança por sua própria natureza, e a recíproca e a representativa na medida em que confiamos em alguém sem caráter, competência e autoridade.

A traição pode demolir a confiança que se levou uma vida inteira para adquirir e provavelmente jamais será reconstituída. Assim, as pessoas naturalmente se preocupam em equilibrar a necessidade de confiar com o reconhecimento de que pode haver deslealdade. Se a traição está sempre à espera, o que fazer? Podemos apostar em um simples aperto de mão, confiar na palavra de alguém, fazer um gesto de fé? A confiança deve ser cuidadosamente avaliada, a fim de estarmos certos de que é bem fundamentada, antes de ser concedida? Em resumo, como saber se estamos lidando com um George "Eu Não Minto" Washington ou com um Benedict Arnold?

O potencial de traição pode ser minimizado da seguinte maneira:

- Assegurando-se de que todos os elementos da confiança (caráter, competência e autoridade) estão bem estabelecidos.
- Compreendendo as três formas assumidas pela confiança (recíproca, representativa e pseudo) e reconhecendo que a traição da pseudoconfiança pode ser somente uma questão de tempo.
- Construindo uma cultura enraizada nas dez leis da confiança.
- A confiança indubitavelmente acarreta o risco de traição. Mas sua ausência *é* traição; traição de todos aqueles condenados a trabalhar para líderes coercivos. Como "grupos altruístas vencem grupos egoístas", as organizações destituídas de confiança estão fadadas a serem ultrapassadas pelas que são animadas por ela.

*

Em resumo, as chances de construir organizações de alta confiança através da aplicação consistente das dez leis aumentam quando os líderes adquirem um sólido entendimento da natureza da confiança, como descrito nas páginas anteriores e reiterado aqui:

- A confiança bem fundamentada depende da análise acurada do caráter, da competência e da autoridade daqueles a quem pensamos em concedê-la.
- Dos três tipos comuns de confiança (recíproca, representativa e pseudo), a pseudoconfiança é a menos fidedigna, pois só é estável quando os interesses estão alinhados.
- Diferentes organizações possuem potenciais inerentemente diferentes de confiança, dependendo dos motivadores primários empregados pelos encarregados (força, medo, recompensa, dever ou amor).

- Quando a confiança é baixa ou está ausente, o vácuo é preenchido por aqueles que dependem do poder para gerar resultados.
- O risco de traição pode ser diminuído pela contratação e promoção daqueles que estão dispostos a seguir as dez leis.

Com o tempo, as empresas de alta confiança competirão de modo bem-sucedido com suas contrapartes não esclarecidas, obcecadas com política, autoproteção e poder autoengrandecedor. A satisfação que deriva da colaboração, a inovação que flui das equipes interdependentes e a alegria que advém de saber que se pode confiar naqueles com quem se trabalha valem o esforço necessário para entender a natureza da confiança, internalizar suas dez leis e viver de acordo com elas.

1ª LEI

COMECE COM A INTEGRIDADE PESSOAL

O lema de qualquer organização de alta confiança é a *integridade*, e ela precisa começar no topo. Os líderes das organizações de alta confiança devem servir como arquétipos de integridade, e não apenas no escritório ou durante as horas de trabalho. Para que uma organização desenvolva confiança durável entre todos os seus membros, os líderes devem ser consistentes e previsíveis, tendo integrado a) os escrúpulos privados com os públicos, b) a competência com a benevolência e c) a ação com a declaração.

Em vez de se basear em um vago e generalizado senso de honra, a construção de uma organização de alta confiança requer o estabelecimento da integridade como sua fundação. Sem líderes que coloquem a integridade em primeiro lugar, os esforços de liderança serão percebidos como técnicas vazias destinadas a enganar as pessoas para que cedam poder.

Alguns líderes tentam compartimentalizar suas vidas em arenas públicas e privadas, classificando as violações da confiança pessoal como "privadas". Mas, qualquer que seja sua competência ou carisma, é improvável que líderes que violam compromissos com a família, os amigos ou os associados construam confiança organizacional durável. A corrupção pessoal não pode coexistir confortavelmente com a confiança pública de longo prazo. Mesmo aqueles nas áreas inferiores da hierarquia em algum momento descobrirão se seus líderes agem de maneira consistente com o que dizem e com os valores declarados da organização.

A distância entre o que um líder diz e o que faz está no coração da confiança. Para encontrar um exemplo, basta olhar para a altamente divulgada quebra de confiança envolvendo David Petraeus. Em quatro décadas, ele se tornou um condecorado general de quatro estrelas do Exército americano, no comando de todas as forças de coalizão no Iraque. Em seguida, foi diretor da CIA — confirmado unanimemente pelo Senado — e até mesmo mencionado como potencial candidato à Presidência. E então tudo acabou. Em 2012, com pouco mais de um ano na CIA, ele cedeu à pressão e se demitiu, citando um caso extraconjugal e o manejo inadequado de informações confidenciais.

A queda de Petraeus ocorreu por causa da desconexão entre a maneira como se comportava em caráter privado e as coisas que dizia em público. Sua história é um exemplo particularmente triste de perda de um legado em função de uma violação privada da confiança. Ela prova quão frágil — porém vital — é essa conexão. Como prestou tantos anos de serviço militar competente, Petraeus chegou mais perto que qualquer outro de ser uma exceção à 1ª lei da confiança, sendo digno dela em uma arena e a violando na outra. Mas mesmo alguém tão estimado profissionalmente não pôde manter a liderança depois que a descontinuidade entre integridade privada e pública se tornou aparente. Como observou a âncora da ABC News, Diane Sawyer: "As pessoas o perdoarão por não ser o líder que gostaria de ser, mas jamais por não ser o líder que afirma ser."

Passar no teste da alta integridade não depende somente da benevolência percebida. Como é possível ter bom coração e ainda assim ser profundamente desorganizado, imprevisível ou inconsistente, o segundo elemento da integridade é ainda mais central para a confiança. Trata-se da exigência de que complementemos a benevolência com a competência. Todos conhecemos indivíduos de grande caráter que parecem incapazes de chegar na hora, cumprir prazos ou realizar tarefas simples como conferir com atenção aquilo que não lhes é pessoalmente importante. Embora possamos confiar neles para assinar cheques em nosso nome, uma vez que jamais pensariam em ser desonestos, não podemos contratá-los para serem nossos CEOs ou advogados.

Sendo filho de uma dona de casa e de um pesquisador, absorvi de meus pais as lições sobre esses elementos da integridade. Minha mãe era uma das pessoas mais bondosas que já conheci, passando com louvor no teste da benevolência e jamais enganando alguém. Meu pai, embora não fosse tão consistentemente bondoso, era profundamente competente e capaz de produzir resultados. Nenhum dos dois dominava a razão pela qual o outro era confiável. Eu podia contar com a bondade de minha mãe, mas nem sempre com sua capacidade de produzir resultados. E podia contar com a fiabilidade de meu pai, mas nem sempre com sua benevolência. Cada um deles tinha uma versão incompleta da integridade requerida para construir uma empresa de alta confiança.

Em muitas organizações, a integridade é enfatizada sem foco suficiente em ambas as noções. Mas gerar confiança durável no interior de uma organização não requer somente integrar a honra pública com a privada e a benevolência com a competência. Também exige eliminar a distância entre o que dizemos e o que fazemos.

Em outras palavras, as organizações não confiam, ou não deveriam confiar, em líderes meramente virtuosos. Os seguidores também precisam contar com a execução competente de seus líderes e com a pequena distância entre suas declarações e suas ações. No mundo corporativo, por exemplo, os funcionários da Starbucks tendem a confiar na empresa não somente porque sentem que é virtuosa, mas também porque acreditam que seu CEO, Howard Schultz, fará o que diz que fará, esteja ele falando da primazia do seguro de saúde ou do compromisso de contratar veteranos.

Todas as formas de confiança começam com o caráter. E, como o caráter incorpora ambas as formas de integridade, o que se segue são maneiras de pensar sobre a integridade pessoal como alicerce da confiança. Embora essas observações possam parecer intuitivas, você pode ficar surpreso ao saber que alguns líderes as veem como triviais, tendo pouca relação com a *realpolitik* da sala do conselho, do local de trabalho ou das negociações. Em sua visão, a moeda do reino corporativo é o poder, e não a integridade.

Embora ninguém possa alegar perfeita congruência entre ações privadas e públicas ou completa fiabilidade e previsibilidade em relação a resultados, todos operamos ao longo de um contínuo. Quanto mais nos afastamos de qualquer uma dessas dimensões da integridade, mais tendemos a lançar mão de porretes e outras aplicações mais primitivas do poder para conseguir resultados. E, quanto mais nos aproximamos da integridade em todas as suas dimensões, mais nossas organizações tendem a gozar dos benefícios de funcionários autônomos, inovação e menor rotatividade.

Ao buscar o tipo de integridade a partir do qual podem gerar confiança organizacional, os líderes devem sempre se lembrar de:

1. **Sincronizar palavras e ações.** Os indivíduos encarregados da administração devem demonstrar a maneira pela qual querem que os negócios sejam conduzidos e os outros sejam tratados. Apenas falar não basta. Os líderes devem personificar o espírito que querem que a equipe adote. Assim como notam a falsidade e instintivamente se dão conta da distância entre dizer e fazer, as pessoas reconhecem a autenticidade e confiam nela. Do mesmo modo que as crianças veem os pais como exemplos, para o bem ou para o mal, os membros da equipe olham para seus líderes para saber o que fazer.

A incongruência se dissemina primeiro entre indivíduos, depois para bolsões no interior da empresa e, finalmente, para toda a organização. Assim, quando os líderes perdem a oportunidade de exemplificar valores essenciais, eles semeiam desconfiança. O que quer que os observadores criticassem no estilo gerencial de Steve Jobs, ninguém duvidava de seu comprometimento com o design, mesmo sob o risco de perder participação no mercado. Outros pontos fracos fizeram com que adquirisse a reputação de chefe autoritário, mas muitos passaram a confiar nele, em parte porque previsivelmente gastava tempo, dinheiro e energia exatamente naquilo que afirmava serem seus valores.

George Steinbrenner, o falecido proprietário do New York Yankees, pregava filantropia e bondade. Também podia ser um tirano em assuntos gerenciais. Mas quando morreu em 2010, aos 80 anos, dezenas de pessoas se apresentaram para falar de seus atos privados de generosidade: bolsas escolares não divulgadas para crianças pobres, doações discretas para famílias de policiais mortos, cartas e visitas para ex-funcionários e estranhos que precisavam de apoio. Essas ações silenciosas — que confirmavam suas palavras — continuaram a fornecer poder às marcas Yankees e Steinbrenner. Embora a generosidade não se iguale ao tipo de integridade requerido pela 1ª lei da confiança, Steinbrenner demonstrou certa medida de consistência entre os valores e as ações sobre os quais a confiança pode ser gerada.

2. **Evitar a hipocrisia.** Um líder não pode gerar confiança somente a partir de suas habilidades, carisma e experiência. Líderes confiáveis demonstram respeito, levam o bem-estar das outras pessoas em consideração e mantêm a palavra. Isso não termina no fim do expediente: líderes que não conseguem administrar seu comprometimento fora do escritório têm probabilidade muito menor de estabelecer laços duráveis de confiança com colegas, fornecedores e clientes. Se fingem virtudes ou competências que não possuem, correm o risco de criar cinismo e perda de confiança. É melhor prometer menos e produzir mais, a fim de gerar confiança.

3. **Trabalhar para transformar a integridade em hábito.** Líderes que se esforçam para fazer a coisa certa em qualquer circunstância desenvolveram a disciplina necessária para pensar no longo prazo, subordinar-se à missão da empresa e agir como fiduciários. Líderes confiáveis são persistentes em "consertar coisas" em si mesmos, receber feedback e fazer mudanças com base nesse retorno. Assim como excelentes mecânicos mantêm um carro de corrida nas melhores condições, indivíduos de alta confiança monitoram e afinam seu comportamento, esforçando-se para fazer melhor.

Em meu próprio caso, decidi muito cedo transformar meus valores em realidade antes que surgisse a tentação de violá-los. Escrevi o plano de reservar tempo para minha família. Logo depois de entrar na Trammell Crow Company, o fundador telefonou para minha casa em um domingo, pedindo que fosse até o escritório para discutir um acordo. Embora lisonjeado, informei nervosamente que reservara os domingos para a família e que o veria tão cedo quanto ele quisesse na manhã de segunda-feira. Esse limite estabeleceu para mim mesmo e para meu chefe os valores que eu pretendia manter.

*

Qualquer um que queira construir uma organização de alta confiança deve começar por se olhar no espelho. Fazer isso inevitavelmente revelará falhas — quebras de integridade — nas quais as ações não refletem as palavras ou o comportamento privado não está à altura da imagem pública. Mesmo que não esteja onde quer estar, os membros da equipe que veem os líderes trabalhando para corrigir suas falhas tendem a confiar neles e a confiança cresce em toda a empresa.

2ª LEI

INVISTA NO RESPEITO

Integridade pessoal significa fazer o que você disse que faria e que suas ações refletem consistentemente seus princípios, privada e publicamente. Embora a integridade pessoal seja a fundação da cultura de confiança organizacional, os líderes também devem buscar disseminar a confiança por toda a organização. Como? Praticando a arte do respeito — por todos, de pequenas e grandes maneiras.

O respeito é a moeda da confiança, a forma pela qual ela é trocada entre as pessoas. Como qualquer atitude ou comportamento, ele requer foco, consciência e prática. A confiança que surge do respeito depende mais do valor atribuído aos indivíduos que de técnicas de gerenciamento ou políticas declaradas. E se reflete nas interações simples e cotidianas.

Nada demonstra maior respeito pelos outros que ouvir o que têm a dizer sem agenda própria. Isso significa ouvir não para concordar ou discordar (ou ganhar tempo para preparar a resposta), mas simplesmente para entender. O falecido autor e visionário Stephen R. Covey, um dos líderes mais efetivos com quem já trabalhei, sugeriu que devemos tentar "capturar" o ponto de vista do outro, especialmente durante uma potencial desavença. Covey começava com "Se entendi bem o que você disse..." e então descrevia o ponto de vista oposto ao seu. Demonstrando respeito de forma poderosa, frequentemente descrevia a outra posição melhor do que a própria pessoa fizera. A partir desse modelo, aprendi a perguntar "Que alternativas você considerou antes de se decidir por essa recomendação?" Ouvindo cuidadosamente, aprendi a me abster de julgar até ter entendido como a pessoa pensou sobre o problema, e não somente como decidiu solucioná-lo. Muitos me disseram que isso é um sinal de respeito e que os força a se prepararem cuidadosamente.

Líderes demonstram e encorajam o respeito quando empoderam os membros da equipe, celebram suas contribuições e os ajudam a aprender com seus erros. Em seu livro *Social Physics: How Good Ideas Spread* [Física social: como as boas ideias se disseminam], o professor Alex "Sandy" Pentland, do Instituto de Tecnologia de Massachusetts, um cientista da computação que dirige o Laboratório de Dinâmicas Humanas da instituição, escreveu:

> Não são apenas os mais brilhantes que têm as melhores ideias; são os que sabem coletá-las de outros. Não são somente os mais determinados que geram mudanças; são os que se engajam mais profundamente com pessoas de mesma mentalidade. E não são a riqueza nem o prestígio que mais motivam as pessoas; são o respeito e o auxílio de seus pares.

Demonstrar respeito em uma organização não se centra apenas naqueles que fazem parte da diretoria. Você saberá que tem uma organização de alta confiança quando encontrar líderes demonstrando respeito em todos os níveis, especialmente em relação àqueles com os quais têm menos a ganhar. Observe o presidente do conselho e CEO Marc Benioff caminhar pelos vastos escritórios da Salesforce e você verá que ele está engajado com sua gente. Ele conhece detalhes, não apenas sobre os membros do conselho e os principais acionistas, mas também sobre as recepcionistas e os motoristas em diferentes cidades.

Os líderes confiáveis demonstram respeito ao buscar feedback de indivíduos fora dos círculos internos. Eles se lembram dos nomes dos colegas e mesmo dos nomes de seus filhos e amigos, não para marcar pontos, mas porque se importam. A sinceridade faz diferença. Há muitas maneiras tradicionais de demonstrar respeito pelos colegas, como se lembrar de aniversários e datas importantes. Mas eis outra ideia: faça com que o clichê "Como vai?" signifique algo. A maioria dos destinatários dessa pergunta casual foi treinada para acreditar que você não se importa realmente como eles estão. Tente gerar respostas significativas com observações como "Notei que você anda distante / sob pressão / mais silencioso que de costume". Do mesmo modo, em vez de perguntar "Há algo que eu possa fazer?" — o que raramente gera um pedido de ajuda —, pergunte "Que responsabilidade sua posso assumir?" ou "Ajudaria tirar um dia de folga?"

Na sede do Google, os líderes incentivam a interação em todos os níveis da hierarquia, como forma de encorajar o respeito entre as equipes. Em suas várias cafeterias, embora a comida possa ser gourmet, as mesas decididamente são como as do refeitório de um colégio: longas e estreitas, com pouquíssimo espaço entre as cadeiras. É intencional. Dessa maneira, você é forçado a esbarrar em alguém quando se senta ou se levanta e, consequentemente, interagir com um colega que talvez ainda não conheça. Os consultores chamam tal design do espaço de trabalho de interação fortuita; no Google, os funcionários o chamam de "esbarrão Google".

Antigamente na HP, a gerência permitia que os engenheiros levassem para casa os equipamentos com os quais estavam trabalhando; eles não precisavam pedir permissão ou preencher formulários em três vias. A gerência demonstrou respeito ao confiar que retornariam os equipamentos, o que, por sua vez, cimentou um laço mais forte de confiança no interior da empresa. Isso é um exemplo do que o professor de Stanford Rod Kramer chama de "confiança comedida": atos "pequenos" e "imaginativos" que "promovem a reciprocidade". Escrevendo para a *Harvard Business Review*, Kramer observou que tais políticas "enviavam um forte sinal de que a companhia confiava nos funcionários e, contudo, envolviam riscos relativamente baixos, porque estavam ligadas à condição de que os funcionários não abusassem da confiança".

Do mesmo modo que não pode fingir caráter ou integridade, você não pode fingir respeito. Muitos líderes, sejam eles senadores, lojistas da vizinhança ou gerentes de banco, tropeçam simplesmente porque não são respeitosos.

Um exemplo do que não é respeito ocorreu na Hewlett-Packard em 2007, quando a empresa reconheceu que espionara seu próprio conselho em uma tentativa de descobrir quais diretores estavam vazando informações para a imprensa. Detetives particulares, com aparente conhecimento dos dirigentes da companhia, fingiram ser diretores e jornalistas em ligações para as companhias telefônicas, a fim de obter acesso aos registros. Essa atividade profundamente destruidora da confiança introduziu um sinistro termo de capa e espada no léxico da era digital: *pretexting*. Mais adequadamente, poderíamos chamá-lo simplesmente de mentir. Outrora um ícone da retidão do Vale do Silício — a "maneira HP" de fazer as coisas era considerada um manual de administração —, a empresa foi ridicularizada por uma desajeitada e desrespeitosa quebra de confiança. Mesmo hoje, em parte por causa dessa violação do respeito, muitos veem a HP como marca enfraquecida com uma reputação danificada.

O respeito também deve existir para além dos limites da organização. Ele se manifesta (ou não) nos contatos com fornecedores, competidores e mesmo críticos. De fato, a ausência de respeito nesses contextos pode ser reveladora; se as interações fora do escritório refletem interesse genuíno, os funcionários podem confiar que não serão considerados triviais.

Eis quatro ideias para criar uma atmosfera de respeito na qual a confiança possa se desenvolver.

1. **O respeito é um investimento de alto retorno.** Nada gera mais dividendos em coerência interna, satisfação dos funcionários e ímpeto organizacional que defender os interesses das pessoas com quem se trabalha. Líderes sabem que, quando a reputação de respeitar a todos se torna arraigada, o mesmo ocorre com os níveis de confiança.

Mais confiança significa menos política e menos agendas pessoais e, sem esses obstáculos, as pessoas se mostram mais produtivas, satisfeitas e inclinadas a ter novas ideias.

Há muitos anos, meus sócios na Trammell Crow se deram conta de que eu vinha trabalhando demais. Então reservaram uma semana de férias para mim e minha esposa em um resort. Sabendo que eu jamais aceitaria a condição de não entrar em contato com o escritório por uma semana — nem as férias com todas as despesas pagas —, eles fizeram todos os arranjos com minha assistente, compraram as passagens e cancelaram minhas reuniões. Embora na época eu não estivesse certo de que aceitar esse gesto de gratidão fosse a coisa certa a fazer, passei a pensar em sua gentileza como uma expressão altamente significativa de respeito. Seu investimento rendeu, pois, ao voltar, eu estava mais comprometido que nunca.

2. **O positivo sempre vence o negativo.** Honrar os que não estão presentes é uma maneira ideal de demonstrar respeito pelos que estão. Evite depreciar os outros, mesmo competidores. Se os líderes se engajam em falar mal das pessoas, mesmo aquelas que são poupadas têm razões legítimas para desconfiar. Sua cultura receberá mais benefícios celebrando os feitos de sua própria equipe que destruindo seus inimigos.

É igualmente importante lembrar que mesmo as situações mais estressantes, como demissões, podem ser conduzidas de modo respeitoso, refletindo um processo de auxiliar aqueles que se darão melhor em outro lugar a seguir em frente de maneira digna.

3. **Demonstrar respeito não é o mesmo que ser agradável.** Demonstrar respeito significa mais do que ser deferente. De fato, a discordância frequentemente é fundamental para uma boa tomada de decisão. A discordância e o debate respeitosos podem gerar a melhor estratégia e o melhor produto, desde que todo mundo concorde, depois da decisão tomada, que todos estão remando no mesmo barco.

Ninguém achava Steve Jobs agradável, mas, mesmo assim, a maioria de seus colegas reconhecia, na maior parte do tempo, que ele respeitava as boas ideias e as pessoas que as defendiam.

Não confunda agradar com demonstrar respeito. Ser cordial, agradável e prestativo pode contribuir para as interações respeitosas. Mas o respeito real é demonstrado ao se empoderar outras pessoas, dar-lhes feedback, ter tempo para suas preocupações e esperar que deem o melhor de si. As pessoas rapidamente notarão se suas demonstrações de respeito forem superficiais. Quando comecei a dar aulas em Stanford, o vice-reitor Mark Wolfson pediu minha análise sobre uma questão relacionada aos alojamentos da universidade. Passei o fim de semana pesquisando e preparando um memorando. Considerei esse gesto uma profunda expressão de respeito por parte desse acadêmico altamente talentoso.

4. **Tolerar o desrespeito é permitir que se dissemine.** Assim como o respeito, o desrespeito pode ser contagioso. Todo treinador de basquete sabe que o desrespeito no vestiário gera conflitos que corroem a qualidade dos jogadores em quadra. Em 2011, o Boston Red Sox era notório pelos arremessadores que se divertiam nos clubes enquanto o restante do time jogava. Os farristas bebiam cerveja e jogavam videogame enquanto o time ruía no último mês da temporada. Tolerar tais práticas pode resultar na perda de membros-chave e da estabilidade organizacional, deixando a empresa capenga durante anos. Líderes vigilantes sempre coíbem as práticas desrespeitosas assim que surgem. Isso significa não tolerar calúnias, não deixar que os problemas cresçam e sempre dar aos indivíduos o feedback de que necessitam para melhorar.

Pior que tolerar desrespeito é quando os líderes iniciam atitudes desrespeitosas sobre raça, gênero, idade ou etnia. Porém, ainda mais insidiosas são as expressões de desrespeito que se baseiam em deixar de anunciar vagas, de entrevistar candidatos internos ou de alertar e treinar as pessoas.

*

Uma atmosfera vibrante de confiança é aquela na qual os colegas constantemente demonstram respeito uns pelos outros. Ele começa com o exemplo dos líderes da organização e, em uma cultura motivada pela confiança, é valorizado em todos os níveis. Se construir uma cultura de respeito soa difícil, é porque realmente é. Mas é um compromisso de longo prazo que vale a pena, fortalecendo os laços entre os membros da equipe e entre todos aqueles com quem fazem negócios.

3ª LEI

EMPODERE OUTROS

As duas primeiras leis focam na integridade pessoal e no respeito pelos outros como fundações sobre as quais construir uma organização de alta confiança. Mas, a menos que os líderes também empoderem os membros da equipe, a integridade e o respeito permanecem inertes.

Meu apreço pelo empoderamento teve início antes que eu tivesse idade para dirigir. Pedi que meu pai me deixasse praticar manobrando o carro da família de um lado para o outro nos 30 metros de calçada que davam acesso a nossa garagem. Cuidadosamente, dei ré no Oldsmobile 1950 até chegar ao meio-fio, fiz uma pausa e acelerei novamente. Infelizmente, esqueci de engatar a primeira marcha. O carro atravessou o meio-fio e subiu na barreira de segurança. Por mais que eu tentasse endireitá-lo antes que alguém percebesse meu erro, meus esforços foram em vão. Entrei em casa e timidamente pedi ajuda a meu pai. Ele recrutou um vizinho e conseguimos tirar o carro de cima da barreira e colocá-lo novamente na entrada da garagem. Pouco antes de entrar em casa, ele se virou, jogou-me as chaves do carro e disse: "Não se esqueça de engatar a primeira dessa vez."

O fato de ele confiar em mim depois de eu ter falhado foi indelevelmente empoderador. A lembrança da resposta contraintuitiva de meu pai à minha humilhante primeira tentativa de dirigir me deu coragem para tentar novamente em situações nas quais meus esforços iniciais foram inadequados. E, mais importante, inspirou-me a ajudar os outros quando falharam. Frequentemente me imaginei "jogando as chaves" para subordinados cujos primeiros esforços os fizeram cair em uma vala. Muito raramente esse salto de fé terminou em quebra de confiança.

É inteligente empoderar os outros. Empoderar as pessoas permite que funcionem no nível máximo. Nas organizações, nossos melhores desempenhos quase sempre são estimulados quando outros nos empoderam, ou seja, confiam a nós a liberdade e os recursos necessários para sermos excelentes.

Thomas Williams, o experiente diretor de engenharia do Google, oferece um grande exemplo de empoderamento de base. Em vez de observar as pessoas atolarem em tarefas repetitivas como rodinhas para hamsters, ele lhes dá autoridade para "construírem suas próprias esteiras ergométricas". Os indivíduos recebem liberdade para experimentar, inovar e estabelecer seu próprio ritmo. Dessa maneira, afirma ele: "Ninguém diz aos outros que não estão indo rápido o bastante; todo mundo diz isso para si mesmo. Se você trabalha com pessoas excepcionais, todo mundo estabelece seu próprio recorde na esteira." Esse tipo de empoderamento respeitoso leva à tomada criativa de riscos, aumentando as chances de que as pessoas gostem de seus empregos, o que beneficia toda a organização.

Organizações ricas em confiança esperam que as pessoas se tornem o melhor que podem ser, concentrando-se mais em justiça que em legalidade, mais em partilha que em vantagem, mais em ação que em análise e mais no futuro que no passado. Com essas atitudes possibilitadoras, vêm a autoridade para agir e a exigência de confiança mútua.

A Room & Board, uma varejista nacional de móveis residenciais, confia em seus funcionários para estabelecerem suas próprias medidas e prioridades de desempenho, em vez da usual revisão gerencial praticada pela maioria das empresas. Três vezes por ano, os funcionários se reúnem com a administração para discutir formalmente seu progresso. Esse foco nos objetivos individuais gera melhores resultados.

A Room & Board também confia nos funcionários para planejarem seus próprios eventos, como churrascos, festas do sorvete e idas ao estádio de beisebol. Pode não parecer muito, mas permitir que a equipe escolha sua própria maneira de celebrar, em vez de ditá-la do topo, faz com que as pessoas saibam que têm poder. Consistente com o espírito de empoderamento, a Room & Board sequer possui uma política de faltas por motivo de doença ou para resolver problemas pessoais.

Algumas empresas não possuem limite para as férias. Na Virgin, os funcionários podem tirar tantos dias quanto desejarem. A única condição é garantirem que o trabalho será feito e que os negócios não serão afetados. ZocDoc, Motley Fool, SurveyMonkey, LinkedIn e outras fazem o mesmo. A HubSpot, uma empresa de marketing e vendas, descreveu sua política de férias como "de duas semanas ao infinito". Diz o fundador da Virgin, Richard Branson: "Trate as pessoas como seres humanos, dando-lhes flexibilidade, e não acho que elas abusarão disso." Na Netflix, o fundador Reed Hastings zomba da "cantilena contábil" e do metabolismo corporativo fixado no controle, optando por empoderar seus funcionários. No verão de 2015, a Netflix anunciou que funcionários com filhos recém-nascidos receberiam até um ano de licença, sem maiores perguntas.

É claro que, em ambientes de alto desempenho, sempre há a possibilidade de que a falta de estrutura gere estresse e resulte em menos tempo de folga, especialmente se o colega do cubículo ao lado parece nunca fazer uma pausa. A Evernote, que trabalha com tecnologia de arquivamento e notas, tenta solucionar essa síndrome workaholic dando aos funcionários mil dólares em dinheiro quando tiram ao menos uma semana inteira de férias ao ano. A FullContact, que organiza contatos na nuvem, vai um passo além. As férias pagas anuais incluem não apenas o salário regular, mas um adicional de 7.500 dólares. O acordo tem três condições: o funcionário precisa viajar para algum lugar, não deve conferir e-mails nem mensagens de texto ou voz e não pode trabalhar de nenhuma maneira durante as férias. A Quirky, que fabrica bens de consumo, promove as folgas ao fechar toda a companhia durante uma semana três vezes ao ano.

Ter funcionários tão comprometidos com a missão que é preciso forçá-los a tirar férias é um problema agradável de se ter. Ao contrário, organizações pobres em confiança têm dificuldade para dar às equipes a liberdade necessária para criar. Cautelosas em relação a todos, frequentemente não confiam em ninguém, nem mesmo em seu pessoal mais leal. Em vez disso, lançam mão de comitês de conformidade e recompensas aos delatores para evitar o descumprimento das regras. Essa atmosfera de desconfiança sufoca a criatividade e, o pior de tudo, impede que a confiança se torne o sistema operacional que governa o comportamento.

Organizações desconfiadas estão preocupadas em impedir que as pessoas façam seu pior, ao passo que organizações de alta confiança focam em empoderá-las para que façam seu melhor. Nem confiança nem poder devem ser distribuídos a esmo. Como em qualquer área da vida, você deve confiar naquelas pessoas com o caráter e a competência necessários para fazer uso responsável da autoridade que lhes é concedida. Mas todos devem ter a oportunidade de ganhar sua confiança. Os resultados, tanto em moral quanto em produtividade, não demorarão a surgir. Mas pode exigir coragem de sua parte dar os pequenos saltos de confiança que fazem a bola rolar.

Muito tempo atrás, minha filha recém-entrada na adolescência veio a mim com um pedido que desejei fervorosamente negar: ela queria ir a um baile com um garoto. Eu e minha esposa havíamos estabelecido claramente (achava eu) a regra familiar segundo a qual nossos filhos precisavam ter certa idade para namorar. Ir a um baile com um garoto era próximo o suficiente de namorar para que eu pudesse invocar a regra. Para demonstrar o quanto confiava nela, disse: "Confio em você e sei que tomará a decisão certa." Eu estava seguro de que, tendo empoderado minha filha tão abertamente e demonstrado minha sincera confiança, ela certamente não me deixaria na mão. Eu receberia os benefícios de demonstrar confiança sem correr o risco de realmente confiar. Como eu era inexperiente nessa fase da paternidade!

Fiquei genuinamente chocado quando ela retornou minutos depois, agradecendo pela permissão de ir ao baile com o garoto. Sua resposta significava que eu agora tinha minha própria e importante escolha a fazer: podia invalidar seu julgamento e demonstrar indelevelmente que não confiava nela ou apoiar uma decisão com a qual não concordava. Optei pela última alternativa, dizendo nervosamente que sabia que ela era madura o suficiente para decidir o que era certo. Funcionou. Ela sentiu que eu confiava nela e se mostrou determinada a não me decepcionar. Eu fiquei nervoso, mas comprometido com a ideia de fazer um "depósito" empoderador no que esperava ser uma sempre crescente concessão de confiança.

Se o acordo é claro, a maioria das pessoas o honra, mas o primeiro salto de fé é sempre o mais angustiante. Ele requer plantar a semente e observar enquanto um broto frágil lança raízes. A rega frequente é necessária para que esse broto inicial desabroche totalmente na confiança recíproca. O empoderamento de pessoas sobre cuja capacidade de realizar o que se espera delas você não está 100% seguro tem de começar em algum lugar. Aprendi a dar pequenos passos até que provem do que são capazes, empoderando-as em pequenas doses e avaliando seu caráter e sua competência conforme lhes concedo autoridade.

Eis seis ideias para empoderar as pessoas, a fim de que façam um excelente trabalho:

1. **Presuma o melhor.** Dê às pessoas a chance de provar que podem assumir mais responsabilidades. Se você só concede liberdade àqueles que já demonstraram saber lidar com ela, jamais descobrirá novos talentos. Um líder que confia no crescimento dos outros — sabendo que podem tropeçar — exibe um nível de confiança que inspira o melhor neles e pode gerar faíscas de confiança em um ambiente suspicaz. Identificar e empoderar os membros mais competentes e confiáveis da equipe é uma excelente maneira de começar.

2. **Seja orientado para a ação.** A inovadora D-School — a faculdade de Design de Stanford — ensina o "viés da ação". Tom Peters ficou famoso pela frase "Preparar, disparar, apontar" em seu livro de 1982 *Vencendo a crise*. Essa noção sugere a preferência por testar ideias, em vez de ficar sentado planejando e analisando. Em resumo, quando as pessoas realmente estão fazendo coisas, repetindo e refinando suas ações, elas tendem a obter melhores resultados. Empoderar as equipes para agir significa que as falhas são menos custosas e as pessoas aprendem mais rápido. De certa maneira, "partir para a ação" é parecido com "acreditar nas pessoas". Ambos envolvem uma aposta. Mas o risco de fracasso é superado pelo ganho potencial quando isso é feito em pequenos projetos-piloto com a mesma expectativa de caducidade dos projetos normais, ou seja, o automático encerramento de um projeto-piloto a menos que seja especificamente renovado.

3. **Esqueça o passado.** Muitas organizações fazem coisas porque "sempre foram feitas assim". As "melhores práticas" de uma organização frequentemente são apenas a codificação de erros há muito esquecidos. Organizações de alta confiança não obedecem cegamente a antigas regras. Em vez disso, confiam em suas equipes para descobrir regras novas e mais relevantes. Empodere as equipes para que criem suas próprias normas.

4. **Espere problemas.** Confiar não garante resultados perfeitos. Inerente à concessão de autoridade aos membros da equipe deve ser o entendimento de que mesmo os melhores esforços podem dar errado. Quando isso acontece, a equipe deve examinar as razões do passo em falso, destilar suas lições e seguir em frente com renovado vigor. Ninguém tem a intenção de fracassar, mas há uma excelente razão para o fracasso ser mais prontamente aceito, e mesmo bem-vindo, no Vale do Silício. Embora possa haver certo fetiche pelas falhas — já houve até mesmo eventos como a Startup Failure e a FailCon para celebrá-las —, os empreendedores demonstram sabedoria ao reconhecer que elas

podem fertilizar o próximo acerto. O fracasso é frequentemente não o oposto do sucesso, mas seu preâmbulo. (A maioria concordará que foi o fracasso de Steve Jobs na NeXT que o preparou para seu retorno triunfal à Apple.) As únicas falhas verdadeiras são as de caráter ou de esforços.

Amy Edmondson, professora da Escola de Negócios de Harvard, diferenciou as falhas boas das más. "Toda criança aprende em algum momento que admitir o fracasso significa assumir a culpa", escreveu ela em "Strategies for Learning from Failure" [Estratégias para aprender com o fracasso], publicado na *Harvard Business Review*. Ao entrevistar vários executivos, ela descobriu que eles estavam divididos. "Como podemos responder construtivamente às falhas sem dar origem a uma atitude de que qualquer coisa serve? Se as pessoas não são responsabilizadas por seus fracassos, o que garante que se esforçarão ao máximo para fazer o melhor trabalho possível?" A saída para essa "falsa dicotomia", de acordo com ela, é distinguir entre os erros que envolvem condutas reprováveis, como desvio ou desatenção, e aqueles nascidos da complexidade ou da inteligência, como experimentos com o design ou o processo.

Confiar nos outros significa aceitar que pode haver falhas; significa também não se engajar imediatamente no que Edmondson chama de "jogo da culpa". Esse modo de agir deixa as pessoas ainda mais desconfiadas. Como Fernando Flores e Robert Solomon advertiram em "Creating Trust" [Criando confiança], publicado no *Business Ethics Quarterly*, "os funcionários normalmente percebem quando o 'empoderamento' que recebem como presente é na verdade uma corda com a qual se enforcar, uma cilada para culpá-los por situações sobre as quais não possuem nenhum controle real".

A psicóloga de Stanford Carol Dweck estudou durante décadas a motivação e a produtividade que resultam do que ela chama de "mentalidade de crescimento". Ela concluiu que aqueles que aprenderam a ver os passos em falso como solavancos na estrada para o sucesso — em vez de uma avaliação imutável de seu potencial

— desenvolvem o amor pelo aprendizado, o senso de aventura e a resiliência que fornecem a base para o crescimento. Organizações de baixa confiança documentam avaliações em vez de desenvolverem o talento através da confiança progressiva.

5. **Livre-se da parafernália da paranoia.** Foque em libertar as pessoas para que façam seu melhor, e não em impedir que façam seu pior. Sempre que possível, jogue fora os grossos manuais de políticas, especialmente se tratarem de questões triviais. Ponha fim à prática de pagar aos funcionários para que denunciem os colegas. Pare de monitorar tudo o que fazem. Tais práticas dão origem a uma mentalidade ansiosa que erode a autoconfiança e impede a engenhosidade. O manual dos funcionários da Nordstrom é um único cartão que diz "Use o bom senso em todas as situações". Se você estabelece um acordo de confiança, sua confiança se transforma na autoconfiança dos funcionários e, a partir dela, em maiores realizações, melhores serviços aos clientes e retornos mais altos para os acionistas.

6. **Lembre-se de que a responsabilidade é companheira obrigatória do empoderamento.** Se poder e responsabilidade são dissociados um do outro, surgem desconfiança e politicagem. Certa vez dei a uma assistente a responsabilidade de assegurar que eu estivesse preparado e no horário para as reuniões, mas não dei a ela o poder de alterar minha agenda, que rapidamente virou uma bagunça. Somente quando ela passou a controlar os agendamentos foi que a responsabilidade pôde se seguir ao empoderamento.

*

Para alguns líderes, a ideia de confiar nos funcionários o suficiente para partilhar poder parece arriscada. Esses líderes jamais aprenderam a refinada verdade de que ceder poder é a chave para criar uma organização poderosa. Em muitas organizações, aqueles com as melhores informações trabalham não na sede, mas nas linhas de frente. Não confiar em ninguém fora do círculo executivo significa perder para contrapartes de alta confiança que recrutam talento e experiência no interior das fileiras, construindo coalizões mais amplas e uma coerência mais profunda no interior da equipe como um todo.

Uma nota final sobre empoderamento, confiança e integridade. Warren Buffett disse: "Se você perder dinheiro da empresa, posso perdoá-lo. Mas, se perder nossa reputação, não terei clemência." Empoderar não significa dar licença para violar os valores confiados a cada funcionário como membro do time.

Empoderamento sem claro compromisso com os valores e a missão leva à anarquia e à ruína da organização. Em seguida, veremos como a liberdade que vem com o empoderamento requer uma responsabilidade concomitante para que a confiança possa florescer.

4ª LEI

MENSURE O QUE VOCÊ QUER REALIZAR

O presidente Harry Truman era notório por manter em sua mesa no Salão Oval uma placa que dizia A BATATA QUENTE PARA AQUI! Mas a maioria das pessoas não se lembra da outra metade da mensagem. O lado voltado para o presidente dizia EU SOU DO MISSOURI. Nativo do Show-Me State [estado do "então me mostre"], Truman sabia que, quando o poder lhe é confiado, você é responsável pela maneira como o emprega. Isso significava "mostrar" resultados e jamais "passar a batata quente adiante". Harry Truman transformou a responsabilidade em marca política.

A confiança cresce quando as expectativas são inequívocas. As pessoas precisam saber qual é a aparência da vitória e em que ponto estão no caminho até ela. A confiança vem com um placar que demonstra claramente como os resultados serão mensurados. Não ter medidores é acabar em confusão. Quando as pessoas sabem o que é esperado que realizem, elas podem focar em fazer isso, em vez de tentar descobrir o que é mais importante. Elas podem confiar no sistema.

Se o técnico de basquete estiver focado no ataque, a métrica se inclinará na direção dos pontos marcados por seu time. Se estiver focado na defesa, na direção dos pontos marcados pelo outro time. As ênfases não são as mesmas e ambas são diferentes de simplesmente dizer "Joguem o melhor que puderem". Nenhuma delas é objetivamente melhor: o técnico escolhe o que enfatizar com base nas habilidades dos jogadores e em suas expectativas sobre o que levará à vitória. Dependendo do oponente, pode reforçar a defesa ou o ataque. Sem clareza, um jogador independente ou confuso fica desconectado do jogo e se torna um problema.

Você não precisa ser analista da NBA para reconhecer que vários times tiveram estrelas individuais incapazes de liderar, ao passo que outros eram ótimos não por causa de um único jogador excepcional, mas porque vários jogadores trabalhavam juntos sob um sistema de responsabilidade estabelecido pelo técnico. O New York Knicks em 1970 e o San Antonio Spurs em 2014 — e muitos outros entre eles — obtiveram títulos porque todos os jogadores respondiam a um sistema. Como no basquete, as empresas apresentam melhor desempenho quando as expectativas são claras e os membros da equipe podem contar uns com os outros. Nesse ambiente, a confiança e a interdependência fiável podem se desenvolver.

A Salesforce, por exemplo, institucionalizou a responsabilidade. O presidente do conselho e CEO Marc Benioff criou o V2MOM, um "processo secreto de gerenciamento" que fornece à companhia "alto nível de alinhamento organizacional e comunicação enquanto cresce a velocidades estonteantes". O processo dificilmente é "secreto", uma vez que Benioff o descreve no blog da Salesforce e em sua biografia corporativa, *Behind the Cloud* [Por trás da nuvem]. O V2MOM — um acrônimo para visão, valores, métodos, obstáculos e medidas — transformou a responsabilidade em marca distintiva da companhia e de cada um de seus funcionários.

Ele significou total alinhamento às medidas pelas quais as pessoas seriam responsabilizadas. A *visão* estabelecia o que Benioff queria fazer. Os *valores* descreviam o que era importante nessa visão, articulando os princípios e as crenças que a guiavam. Os *métodos* identificavam os passos que cada um precisaria dar para obter resultados, ao passo que os *obstáculos* descreviam o que estava no caminho. As *medidas* forneciam uma métrica para que as pessoas soubessem que a visão fora realizada. "Combinados", disse Benioff, "os elementos do V2MOM nos forneceram um mapa detalhado de para onde estávamos indo e uma bússola para nos levar até lá."

Eis quatro sugestões para criar uma cultura na qual a confiança seja assegurada pela responsabilidade:

1. **Defina a aparência da vitória.** É mais fácil ser bem-sucedido quando temos uma noção do que tentamos realizar. Sem clareza sobre os resultados, ninguém pode ser responsável. Os líderes precisam começar com uma visão clara da qual todo mundo possa se lembrar, relacionada não somente a orçamentos e prazos, mas também aos resultados específicos esperados dos membros da equipe. Não basta estabelecer objetivos vagos, por mais elevados que sejam — "Queremos ser a número 1" —, sem uma maneira de mensurar os resultados. Sem uma definição suficientemente precisa, a responsabilidade não sobrevive. Sem responsabilidade, a confiança é erodida.

Há alguns anos, Franklin Covey fez uma pesquisa com milhares de profissionais em múltiplas indústrias, mostrando que na maior parte dos casos os níveis de confiança não eram muito altos. Essa conclusão estava relacionada à inabilidade dos funcionários, e mesmo dos líderes, de articularem os objetivos centrais de suas respectivas empresas. Em um caso revelador, pediu-se que nove executivos listassem os três objetivos principais de sua empresa. O resultado final: 24 objetivos diferentes.

Não surpreende que os membros da equipe não confiem realmente no que ouvem se os objetivos são mutáveis, obscuros ou totalmente desconhecidos. A clareza empodera as pessoas e a ambiguidade as incapacita. E, sem clareza sobre a vitória, é difícil criar um placar com a métrica da responsabilidade.

2. **Estabeleça expectativas claras.** Digamos que você recebeu a autoridade para construir uma nova sede e a responsabilidade de executar a obra no prazo e de modo econômico. Agora imagine que ninguém lhe forneceu um orçamento, um cronograma, uma lista de requerimentos estéticos ou qualquer outra medida que pudesse ajudar a avaliar seu trabalho. Você orgulhosamente faz com que a sede seja

construída em dezoito meses por 40 milhões de dólares, somente para descobrir que as pessoas que o "empoderaram" esperavam que estivesse pronta seis meses antes e por 10 milhões a menos. Você tinha poder. Assumiu a responsabilidade. Mas ninguém estabeleceu os critérios pelos quais precisava prestar contas. Esse é o tipo de pseudoempoderamento que encerra carreiras e destrói empresas. Infelizmente, em muitas organizações, o trio poder, responsabilidade e prestação de contas é separado. Isso não deixa ninguém totalmente empoderado e ninguém totalmente responsável. Nesse vácuo, a confiança definha.

3. **Saiba que a responsabilidade aumentará a confiança.** Muitos líderes ficam felizes em dar aos membros da equipe o poder de realizar tarefas menores ou contributivas. Mas isso não é suficiente para mobilizar o poder da confiança ou da responsabilidade que a acompanha. A menos que as pessoas recebam responsabilidade também pelos grandes resultados, elas sabem que os líderes não confiam nelas quando se trata de coisas importantes. Em contrapartida, se os líderes estão dispostos a colaborar com os membros da equipe nos objetivos gerais, a maioria se mostra à altura do desafio, sentindo que lhe foram confiados resultados, e não apenas tarefas.

4. **Faça com que a responsabilidade seja acompanhada de crédito.** Quando os membros da equipe conseguem atingir resultados mais amplos, os melhores líderes saem do caminho e permitem que eles fiquem com as glórias. E, se a equipe tropeça, os líderes mais confiáveis se adiantam para absorver a culpa. (Os jogadores ficam com as vitórias e os técnicos com as derrotas.) Nada mata a confiança mais rapidamente que um líder que dá ordens e distribui tarefas, mas sai culpando todo mundo quando as coisas dão errado. A confiança definha na presença de líderes que absorvem as luzes da ribalta. E cresce quando eles as refletem sobre os membros de sua equipe.

*

Para quem não passou muito tempo em um ambiente de alta confiança, inicialmente a prestação de contas pode parecer desconfiança. Algumas pessoas podem perguntar: "Realmente se trata de confiança quando você precisa responder constantemente pelo poder que lhe foi confiado?" A resposta é sim. Para prosperar, a confiança organizacional precisa ser protegida do mau uso. Sem responsabilidade, ela não tem a menor chance. Mas, como no caso de arrancar as cenouras do solo para ver se já estão boas para colher, mensurações frequentes demais matarão a confiança e interromperão o crescimento. A responsabilidade de alta confiança deve se centrar em remover obstáculos, e não em citar falhas. Deve parecer menos com distribuição de culpa e mais com pessoas prestando atenção e, em seguida, celebrando o sucesso.

Não faz sentido confiar nos indivíduos se o que fazem com nossa confiança não se aproxima daquilo que esperamos. Inversamente, não faz sentido receber a confiança de alguém se não temos certeza do que fazer com ela. Se não temos um claro senso de responsabilidade pelos resultados, podemos perder totalmente a confiança, mesmo quando agimos de boa-fé.

A responsabilidade ilumina a confiança e permite que o empoderamento funcione, dando às pessoas a clareza e a autoconfiança de que necessitam para serem fiáveis na realização dos objetivos e o conhecimento de que receberão os créditos por seu sucesso.

5ª LEI

CRIE UM SONHO COMUM

Imagine-se vencendo. Visualize o sucesso vividamente em sua mente e deixe que essa visão anime toda sua equipe. Enfrentar desafios na jornada até o objetivo comum é uma maneira natural de membros de uma equipe passarem a confiar uns nos outros. Em contrapartida, não articular um sonho ou visão comum de sucesso quase sempre gera dedos apontados quando ocorrem os inevitáveis contratempos.

Entre os melhores do mundo, frequentemente um fio de cabelo separa o ganhador da medalha de ouro do segundo lugar. Muitos atletas olímpicos, mesmo em eventos que focam no desempenho individual — corrida de velocidade, levantamento de peso, mergulho —, dizem que confiar nos técnicos e colegas de equipe para atingir o objetivo comum é responsável por grande parte de sua habilidade de fazer os sacrifícios necessários para realizar seus sonhos.

Os atletas olímpicos conseguem motivação para as longas horas de treinamento e privação se imaginando no pódio. Um time de jogadores de basquete de 12 anos sonha em ganhar o troféu da série mundial da Little League. Um triatleta se vê cruzando a linha de chegada enquanto o alto-falante anuncia: "Você *é* um Ironman!" E o jóquei, o proprietário e o treinador de cavalos se imaginam unindo forças para vencer o Kentucky Derby.

Os sonhos atléticos são mais inspiradores quando são mais que uma esperança generalizada de sucesso. O mesmo se dá com os objetivos organizacionais. Os mais efetivos são imagens tangíveis que ajudam as pessoas a superarem as inevitáveis decepções. Embora as visões organizacionais possam não ser tão vívidas quanto a imagem de um lugar no pódio, elas devem ser tangíveis.

Mantenha essas seis ideias em mente enquanto cria e refina uma visão, missão ou sonho abrangente:

1. **Torne sua missão inclusiva.** Todas as organizações possuem múltiplas circunscrições, incluindo funcionários, clientes, investidores e comunidades atendidas. Articular um propósito que una essas circunscrições é um bom ponto de partida na perspectiva organizacional. O objetivo é encontrar algo importante pelo que todas as partes interessadas possam torcer. Considere novamente a visão de uma equipe olímpica. Ganhar uma medalha é um objetivo que todos podem apoiar, desde os atletas e suas famílias até técnicos, fãs e mesmo patrocinadores.

   Muitos líderes limitam a missão das companhias de capital aberto à maximização dos lucros ou ao crescimento a uma determinada taxa. Mas lucros e crescimento não são missões; lucros são o resultado de produzir algo que os clientes querem, a um preço que representa valor real para eles. A missão é servir esses clientes de maneira única e criar valor. Esses são objetivos nos quais as pessoas podem confiar. Se você criar uma missão como a que os atletas olímpicos usam para inspirar sua busca pelo ouro, lucros e crescimento vêm como consequência. Os profissionais da informação de hoje são voluntários: eles querem acreditar na razão para seu trabalho.

2. **Ter uma missão significa mais que ter uma declaração de missão.** Todos já vimos declarações de missão criadas por executivos, cheias de jargão e linguagem arrogante. As empresas gostam de afirmar que estão "mudando o mundo" graças a seus "produtos inovadores" e sua "integridade inabalável". O que frequentemente não

percebem é que suas tentativas de ser tanto uma aspiração quanto uma inspiração podem parecer intercambiáveis e irrelevantes — e, nos piores casos, criar ceticismo.

A menos que sua declaração de missão expresse maneiras únicas pelas quais as pessoas podem a) ser membros respeitados de b) um time vencedor, c) fazendo algo significativo, você pode muito bem acessar um gerador de missões online, combinar um advérbio, um adjetivo, um substantivo e uma conjunção, incluir uma expressão de abertura e uma de encerramento e gerar uma declaração de missão sem significado.

Assegure-se de que sua equipe participe da elaboração da declaração e verifique se ela trata daquilo que a organização realmente faz. Em outras palavras, torne o processo participativo e o resultado específico. Reconheça também que a declaração não garante a missão. Muitas organizações pobres em confiança possuem declarações de missão que excluem participantes importantes. Criar uma missão coerente, ambiciosa e realista reúne muitos participantes, cada um deles contribuindo com cor, textura e significado. O próprio processo de falar sobre a missão pode ajudar a afastar as manobras políticas e a desconfiança que, de outra forma, preencheriam o vácuo natural de uma organização sem missão. E esse processo deve criar um pódio no qual todos da organização possam subir.

3. **Colete e celebre "histórias de heróis".** As pessoas tendem a pensar de modo indutivo, ou seja, do específico para o geral. A história anedótica fala do caso mais amplo e anima a missão para todos. Jornalistas usam histórias individuais para explicar questões complexas. O mesmo fazem presidentes durante o discurso sobre o estado da União, apontando para a galeria e chamando o soldado que resgatou o irmão no campo de batalha. Parte do reforço de uma missão é honrar aqueles na organização que promovem seus objetivos gerais.

"Histórias de heróis" podem fornecer um exemplo poderoso da visão da organização em ação. Em *Heroes: What They Do and Why We Need Them* [Heróis: o que eles fazem e por que precisamos deles], Scott

Allison e George Goethals apresentam os resultados de uma minuciosa pesquisa sobre a psicologia dos heróis tanto na história quanto na ficção. Retratos de personagens como Lincoln, Churchill, Mandela, Margaret Thatcher, Ernest Shackleton — e mesmo Rick Blaine em *Casablanca* — ilustram a conexão entre heroísmo e liderança.

A JetBlue coleciona histórias sobre tripulantes que foram mais longe pelos clientes. Para lembrar a todos a missão de "devolver humanidade às viagens aéreas", já iniciei reuniões do conselho lendo cartas comoventes de clientes gratos.

Lembro-me de falar todos os anos, na Trammell Crow Company, sobre funcionários que personificavam nossos valores. Certo ano, decidi mudar o tema do discurso, deixando de fora uma das melhores histórias que todos já ouviram sobre um sócio que dera um passo além por um cliente. Em mais de uma cidade, as pessoas me procuraram depois para reclamar: "Você se esqueceu de contar a história sobre como um dos sócios maravilhou um locatário!" Claramente, todo mundo conhecia a história e, mesmo assim, queria ouvi-la novamente. Chamo isso de folclore corporativo. Há uma razão para histórias de membros individuais da equipe que exemplificam os valores da organização ao realizar sua missão se tornarem parte da memória institucional. Os membros de equipes de alta confiança adoram essas lembranças tangíveis de "por que somos diferentes".

4. **Substitua as visões que estão envelhecendo.** Conforme a organização cresce, o retrato geral tende a sair de foco. As paixões iniciais arrefecem. As burocracias emergem. As pessoas ficam menos ávidas para trabalhar se não sabem em direção a que estão trabalhando ou sentem que o empreendimento não renovou seus objetivos. Quando, no verão de 2015, o comissário da NBA Adam Silver reformulou a antiga e muito longa declaração de missão da liga, ele a elevou a um "chamado". Silver reenquadrou o papel da NBA usando lentes mais abrangentes e inclusivas que levariam os seguidores da liga a "competir com intensidade, liderar com integridade e inspirar o jogo".

Se já não consegue expressar a visão de sua organização de maneira simples e irresistível, você provavelmente saiu do rumo. Isso significa que é hora de redefinir o foco não somente da visão, mas da própria organização. O objetivo: todo membro da equipe deve ter uma linha de visão direta do pódio.

5. **Não pense pequeno, mas pense simples.** Escolha um objetivo que a equipe ficará orgulhosa de atingir. Seja desenvolver um novo produto ou ajudar uma comunidade necessitada, os indivíduos querem objetivos tangíveis para seguir em frente, não problemas vagos dos quais se afastar. Se o objetivo é somente evitar um desfecho ruim, os resultados de qualquer sacrifício feito em nome do sonho serão menos motivadores e terão menos probabilidade de resultar em confiança durável entre os colegas.

Como líder, mantenha a equipe focada em um conjunto claro, atraente e limitado de grandes objetivos — idealmente, não mais que três. Você deve ser o guardião e o evangelista das prioridades de sua organização; cabe a você mantê-las em letras de néon, de modo que todos os funcionários possam ver do que está falando. Na Microsoft, durante décadas, isso significou colocar "um computador em cada mesa e cada casa". A Amazon começou com o objetivo de oferecer "todos os livros já impressos, em qualquer língua, em menos de 60 segundos". A Pepsi notoriamente queria "derrotar a Coca-Cola". A JetBlue foi fundada com a missão de devolver humanidade às viagens aéreas. O "V" de Churchill durante a Segunda Guerra Mundial era o símbolo do único objetivo em sua mente: a vitória.

6. **Espere que os grandes sonhos requeiram sacrifícios.** É difícil imaginar um sonho significativo sem algum nível de sacrifício. As pessoas fazem sacrifícios em todas as organizações bem-sucedidas e em todos os relacionamentos saudáveis, em todos os estágios da vida. Na maioria das famílias funcionais, os laços crescem e se fortalecem precisamente porque muito é requerido — e concedido. Tendemos a amar as coisas e as pessoas pelas quais nos sacrificamos. Assim, se quer chegar a um resultado significativo, não tenha medo do sacrifício. Mas o sonho deve ser um pelo qual os líderes também estejam dispostos a se sacrificar. O romancista Peter Beagle explicou isso muito bem (embora de modo meio sangrento) em *The Last Unicorn* [O último unicórnio]: "A mágica de verdade não pode ser feita com o fígado de outra pessoa. Você precisa destroçar o seu, sem a esperança de consegui-lo de volta."

Felizmente, os sacrifícios requeridos possuem benefícios intrínsecos. Mas lembre-se de que pedir sacrifícios não é uma "técnica" para gerar confiança. A vida nas organizações não é um exercício de confiança cega no qual você pede que as pessoas o sigam até uma floresta escura. Em vez disso, você está pedindo que elas se doem por algo em que acreditam.

Quando tiver o sonho certo, as pessoas se comprometerão com sua realização de maneiras que o surpreenderão. Jovens empreendedores abrirão mão da vida social normal, trancando-se na proverbial garagem para ganhar as centenas de horas extras de que necessitam para desenvolver um produto que o mundo ainda não tem. E, quando se trata da missão de uma família, os pais abrirão mão de um tempo valioso para suas carreiras a fim de estarem por perto enquanto os filhos crescem.

Naturalmente, o tópico "sacrifício" parece meio arriscado ao se criar um sonho comum. Quaisquer que sejam seus próprios sacrifícios, você não quer ser um feitor de escravos ou exigir mais do que as pessoas podem dar. Mas, se você tem integridade, se demonstra respeito, se oferece responsabilidades e as assume para si mesmo, se mostra quais são os marcos do caminho e se a visão é clara e amplamente adotada, ficará surpreso com os sacrifícios que as pessoas estão dispostas a fazer. Se confiam em seus líderes, em seus colegas e em si mesmas, elas se mostram mais que dispostas a assumir riscos, trabalhar mais horas e sacrificar o rotineiro pelo notável.

Um exemplo dramático: a Starbucks tivera anos sucessivos de expansão alucinante quando Howard Schultz se aposentou do cargo de CEO. Apenas alguns anos depois, Schultz enviou um e-mail a seu sucessor, que também era diretor executivo, lamentando a "comoditização de nossa marca" e a "diluição da experiência Starbucks". No início de 2008, com a companhia em um caminho potencialmente fatal e aves de rapina esperando para assumir o controle, Schultz decidiu retornar ao cargo de CEO e pediu sacrifícios.

Com a sinceridade e as bravatas pelas quais era conhecido, ele usou o sacrifício como uma forma de conseguir a atenção de todos. Rapidamente fechou oitocentas lojas americanas que não apresentavam os resultados esperados, dispensando 4 mil funcionários. Alguns benefícios antigos e valorizados foram extintos. Outros passos foram menos estruturais, mas igualmente dramáticos. Durante três horas e meia, a um custo de 6 milhões de dólares em vendas perdidas, todas as lojas da Starbucks ficaram fechadas para que os baristas pudessem receber novo treinamento com as máquinas de *espresso*.

Por fim, e a um custo de cerca de 30 milhões de dólares, Schultz levou 10 mil gerentes de lojas para Nova Orleans, a fim de participarem de uma jornada motivacional de uma semana e somarem 50 mil horas de serviço comunitário durante a limpeza após o furacão Katrina. Em relativamente pouco tempo, a Starbucks voltou ao rumo e recuperou sua posição de marca estimada e local de trabalho valorizado. Embora a retomada da companhia não tenha se devido unicamente às ações imediatas de Schultz (nem tenha ocorrido sem desafios), seu chamado foi um reposicionamento generalizado da cultura interna e da imagem pública da Starbucks. Em um momento difícil, o sacrifício partilhado uniu a equipe e o retorno de Schultz restabeleceu a confiança que havia diminuído durante sua ausência. O sonho comum foi restabelecido e os níveis de confiança cresceram.

*

A maioria das pessoas quer sentir que está perseguindo um objetivo concreto, importante e duradouro, e não apenas realizando tarefas repetitivas. A confiança tem muito mais chances de se desenvolver quando um sonho partilhado une todos os membros da equipe na busca por algo significativo, especialmente quando participaram de sua definição e, consequentemente, acreditam nele. (Já vi equipes em dificuldades se unirem até mesmo por coisas como "perder menos dinheiro este mês do que perdemos no mês passado".)

Quando as pessoas podem se unir em torno de um objetivo comum, buscando atingir um vértice consistente com seus valores, elas se sacrificam juntas, aliviam o fardo umas das outras e fazem tudo que podem para não decepcionar os colegas. Tais são as características de organizações de alta confiança que seguem as leis da confiança na busca pelo sonho comum.

Talvez o mais vívido exemplo de criação de um sonho comum possa ser encontrado em uma entrevista dada por Anson Dorrance, há muitos anos o técnico-chefe de futebol feminino na Universidade da Carolina do Norte. Ele é um dos mais bem-sucedidos líderes esportivos da história, guiando a UCN por 22 campeonatos nacionais. Em um vídeo revelador disponível em www.whatdriveswinning.com, ele fala sobre suas atletas "jogando por algo maior que elas mesmas": "pela pessoa à esquerda, pela pessoa à direita, pela pessoa atrás e pela pessoa à frente." Dorrance explica que, quando seu time chega à final do campeonato nacional, ele passa o fim de semana do jogo "escrevendo uma carta para cada jogadora principal, em agradecimento pela incrível contribuição humana que deu ao time".

Antes do grande jogo, ele entrega as cartas e pede que as jogadoras principais saiam do vestiário. Então lê fotocópias para as jogadoras remanescentes, para mostrar com que "excelentes seres humanos" elas estão jogando. Uma dessas atletas foi Caroline Boneparth, filha de Peter Boneparth, com quem trabalhei no conselho da JetBlue. (Caroline permitiu que a carta fosse incluída em *Coaching Wisdom* [A sabedoria dos técnicos], um livro recente sobre líderes esportivos, de modo que seu conteúdo já não é privado.) Chamada de "Care" (cuidado, em inglês) pelo treinador, Caroline não era uma estrela. Ela raramente jogava. Mesmo assim, era uma capitã. Em sua carta, Dorrance escreveu que ela era "tanto aço quanto veludo [...] Essa é você. Você é tão forte e tão doce e eu a adoro por isso. Obrigado por 'cuidar' de todo mundo durante quatro maravilhosos anos. Sentirei sua falta". Quem não ficaria inspirado a dar seu melhor por Caroline? Quem não gostaria de ser liderado por Anson Dorrance?

6ª LEI

MANTENHA TODO MUNDO INFORMADO

Para gerar e manter a confiança, um líder deve se comunicar. Líderes devem estar determinados a partilhar os fatos com todos, de maneira simples, persuasiva e abrangente. Isso significa dizer como as coisas realmente são, nos bons e nos maus momentos.

Em organizações de baixa confiança, a comunicação geralmente é deficiente. Podemos saber o que está acontecendo em nosso departamento, mas, quando se trata dos objetivos mais amplos da companhia, estamos no escuro. Sem saber de nada, começamos a nos perguntar se os líderes realmente têm um plano. Uma missão inspiradora se torna uma impossibilidade e começamos a nos perguntar se somos respeitados pela diretoria. Daí em diante, a confiança desce ladeira abaixo.

Estudos acadêmicos demonstram que a satisfação dos funcionários depende significativamente da efetividade da comunicação interna. Os membros da equipe sentem dificuldade para confiar em seus líderes quando não sabem qual é o rumo geral da organização e se esse rumo será bom para eles. A solução para essa falta de informação destruidora da confiança, claro, é a comunicação, muita comunicação. "Peque pelo excesso", gostava de dizer Max De Pree, o renomado líder da Herman Miller, a fabricante de móveis para escritório.

Organizações que geram confiança dizem a verdade através de palavras, ações e palavras novamente. Elas relatam novidades desagradáveis tão abertamente quanto celebram sucessos. As pessoas são espertas. Elas percebem quando você está dourando a pílula, assim como percebem verdades parciais e legalismos. Se seu novo sabor de refrigerante foi um desastre, diga isso e seja claro sobre o que a equipe está fazendo para consertar o problema. Se precisa demitir pessoas, não faça isso secretamente, esperando que os competidores e a mídia não notem. Assuma a responsabilidade por sua decisão e ajude as pessoas a entenderam suas implicações. E não contrate "malvados" corporativos para fazer o trabalho sujo.

Embora a transparência assuma diferentes formas, a característica comum é o comprometimento em confiar informações à equipe. Eis alguns exemplos:

- A Autodesk, que cria softwares de arquitetura e engenharia, tem o objetivo de ser totalmente transparente sobre seus resultados financeiros. A cada trimestre, os executivos "partilham os números" com todos os funcionários ao convidá-los a ouvir o anúncio de lucros.
- Há vários anos, a S. C. Johnson, a titã dos produtos domésticos de limpeza, distribuiu um sumário de cinquenta páginas de seus objetivos comerciais a todos os funcionários, assumindo o risco de que uma cópia pudesse ser vazada.
- O Google desenvolveu um programa de "destruição da burocracia" no qual os funcionários foram solicitados a dar ideias para diminuir a burocracia interna. Quase 1.200 ideias surgiram, incluindo mapas melhores dos *campi* do Google.
- Em 2012, a Kimberly-Clark promoveu uma "Sessão K-C de cultura unificada" para funcionários de todo o mundo. "Transcendendo silos organizacionais e geográficos", o evento online de cinco dias produziu ideias não somente para um Kleenex melhor, como também para aperfeiçoar a cultura.

- A Zappos, revendedora online de calçados, transformou a transparência em vocação. Em um gesto que os analistas chamaram de "revolucionário", há alguns anos a organização decidiu partilhar suas informações de venda com todos na cadeia de fornecimento, e os tweets do CEO tinham links para e-mails internos sobre as operações nas fábricas. Que tênis estão vendendo e que botas de caminhada não estão? Quais são as margens e os estoques? Funcionários e clientes recebem a informação, mas os competidores também. A teoria: a transparência geraria confiança e lealdade em todos os níveis. É cedo demais para saber se essa transparência produziu resultados mensuráveis — e a companhia teve uma alta rotatividade nos últimos tempos, em razão de outras questões gerenciais —, mas a Zappos recebeu elogios da mídia especializada por essa decisão.

Eis quatro princípios de comunicação que geram confiança:

1. **Assuma as más notícias.** Poucos de nós estão ávidos para confrontar erros ou circunstâncias desfavoráveis e fora de nosso controle. Mas seja uma decisão de contratação que deu errado, forças inesperadas de mercado ou o temor de que a FDA não aprove o novo medicamento desenvolvido por uma divisão-chave, as pessoas querem saber as más notícias junto com as boas. Se ouvem apenas as boas notícias, não importa quão triunfalmente sejam dadas, elas são consumidas pela dúvida. O que não estão me dizendo? A ruína estará logo ali na esquina? Dourar a pílula ou simplesmente ignorar as coisas ruins é um erro que todos cometemos.

É tentador acreditar que minimizar as más notícias diminuirá seu impacto negativo, mas as evidências sugerem que isso apenas o exacerba. Quando a história real for revelada, você terá dificuldade para explicar por que não foi honesto com a equipe. É muito melhor estar à frente das notícias e usar o contratempo como oportunidade para gerar confiança ao demonstrar respeito por seus colegas. Organizações com equipes competentes de gerenciamento de crises e relações públicas certamente podem minimizar seus pontos fracos, e muitas delas fazem pouco mais que isso. Mas a maioria das pessoas prefere estar associada a uma companhia na qual os líderes não têm medo de dizer a verdade.

A verdade tem muitos benefícios claros. O mais óbvio: quanto mais transparente você for sobre os desafios, maior será a probabilidade de que os indivíduos adotem abordagens criativas para superá-los. Se os funcionários estão orgulhosos da companhia em que trabalham — se acreditam que são respeitados e partilham da missão —, eles se sentem muito mais inclinados a permanecer nela e ajudar, em vez de saírem correndo ao primeiro sinal de problema.

2. **Tenha disciplina para se manter positivo.** Isso não é o mesmo que maquiar a verdade. Permanecer positivo significa que, quando as coisas ficam difíceis, bons líderes evitam a negatividade, a comunicação de alta velocidade e os ataques de raiva. Todos temos momentos nos quais a decepção, o constrangimento e o estresse se combinam para produzir um coquetel de sentimentos negativos. A adrenalina é natural. Mas também sabemos que é mais prudente deixar que tais sentimentos se desvaneçam antes de falar com colegas, escrever e-mails ou convocar reuniões. Mesmo uma única observação negativa do líder pode persistir, e e-mails escritos sem cuidado parecem viver para sempre. A confiança que se desenvolve lentamente pode ser perdida em um discurso inflamado.

Desde pequeno, Dwight Eisenhower tinha um gênio terrível. Não é que ele tenha crescido e se tornado o moderado e sorridente Ike que vemos nos cinejornais. É que ele aprendeu a dominar seu temperamento. Ele escrevia os nomes daqueles que desprezava, rasgava o papel e jogava os pedaços "na gaveta mais baixa de minha mesa". "Isso põe fim ao incidente e, no que me diz respeito, àquele sujeito", explicou ele. Sim, como a maioria de nós, Eisenhower ocasionalmente tinha explosões de raiva — mas somente quando estava sozinho.

3. **Preste atenção à linguagem corporal e ao ambiente.** As pesquisas indicam que gestos e expressões faciais são formas potentes de comunicação. A maneira como se senta, o quanto se mexe e se faz ou não contato visual enviam mensagens. Revirar os olhos ou cruzar os braços fazem os ouvintes se fecharem, e evitar contato visual ou olhar para baixo ao falar sugere indiferença. Cuide de sua linguagem corporal e cultive o hábito de prestar atenção para capturar o que o outro está dizendo.

Saibam disso ou não, as organizações também comunicam muitas coisas simbolicamente. Como as pessoas se vestem, onde os executivos comem e recebem convidados, que objetos são exibidos, tudo importa. Essas formas de comunicação podem separar ou unir as pessoas. Quando estiver fora de sua organização, observe como outras companhias fazem as coisas e que práticas são consistentes com a cultura que você está tentando desenvolver. Dentro dela, esteja alerta para práticas ultrapassadas e elimine-as antes que façam mais mal que bem. Na Peterson Partners, a empresa de investimento que fundei há vinte anos, retiramos todas as obras de arte e as substituímos por uma variedade de logotipos, modelos em escala e *memorabilia* de produtos e anúncios celebrando o portfólio de 150 companhias que apoiamos. Isso lembra às pessoas que trabalhamos para nossos empreendedores.

Quando se trata de comunicação não verbal, nada supera as ações do líder. Sejam amáveis ou cruéis, as ações no topo dizem tudo. Algumas ações são notadas por todos, como apresentações para a companhia inteira e certas decisões pessoais. Mas há muitas outras que poucos veem, e elas frequentemente são tão importantes quanto. As pessoas notam a maneira como você se comporta na quadra de tênis ou quando entra em sua vaga no estacionamento. Como líder da equipe, sua credibilidade depende desproporcionalmente das muitas pequenas decisões que toma todos os dias. Mesmo que as pessoas não as testemunhem, elas as sentem, da mesma forma como muitas vezes nos sentimos confortáveis ou agitados sem saber totalmente por quê.

Você está se comunicando, queira ou não. Então seja intencional: pense sobre gerar confiança com cada palavra e ação.

4. **Considere o que os orçamentos dizem sobre suas prioridades.** Perceba que seu orçamento está entre os indicadores mais confiáveis dos valores de sua empresa. Se as pessoas estão em uma equipe cujo orçamento não está sincronizado com os seus valores, a confiança se dissolve; se você enfatiza o equilíbrio entre vida pessoal e trabalho como prioridade, mas seu orçamento faz com que haja escassez crônica de mão de obra, seus funcionários sentirão isso como falta de integridade. Seria melhor nada dizer do que dizer uma coisa e fornecer um orçamento que só permite outra.

Manter os orçamentos em segredo frequentemente possibilita que as pessoas obscureçam os problemas. Eles não desaparecem, é claro, apenas persistem e se intensificam antes de entrar em erupção. Mas, embora a transparência orçamentária deixe as organizações de baixa confiança nervosas, suas contrapartes de alta confiança descobriram que o falecido juiz da Suprema Corte Louis Brandeis estava certo: a luz do sol é um excelente desinfetante. Como orçamentos são convincentes declarações de valores que estão no próprio cerne da geração de confiança, eles devem ser abertos.

A abertura radical foi um conceito cunhado há alguns anos pelos autores e consultores Don Tapscott e Anthony Williams. Em um livro de 2013, eles explicaram as fundações e a utilidade do fenômeno. "Os tempos mudaram. Embora o segredo e a opacidade tenham sido marcas registradas do comportamento corporativo no passado, manter e defender segredos é custoso e difícil em uma era na qual bilhões de cidadãos com smartphones podem transmitir informações para todo o globo em um piscar de olhos."

A extensão da abertura radical, explicou Williams durante uma conferência TED, significa que as indústrias "estão abrindo seus processos inovadores e tratando clientes e parceiros como fontes valiosas de informação e novas ideias". Em vez de lutar para "proteger seus recursos e inovações", as companhias partilham propriedade intelectual "em uma aposta para acelerar a pesquisa, cultivar relacionamentos e estimular o progresso em outras áreas nas quais podem obter lucros".

Consistente com essa abordagem, Elon Musk, o fundador da Tesla, tornou públicas todas as suas patentes em 2014. E, no espírito de abertura, quando Warren Buffett comprou um avião particular para a Berkshire Hathaway (que podia pagar por ele e tinha um líder cujo tempo era particularmente valioso), ele ironicamente o chamou de *O indefensável*.

Nesse espírito de abertura, líderes de alta confiança pensam no orçamento como valores em ação e, literalmente, um investimento em confiança. Divulgar amplamente os orçamentos é uma grande maneira de debater prioridades e, com o tempo, gerar confiança.

*

A integridade dos líderes é condição *sine qua non* para uma cultura de alta confiança, e a comunicação — através de palavras, símbolos, orçamentos e histórias — é o combustível que eles usam para inserir confiança em suas organizações. Consequentemente, os líderes devem evitar os elementos que destroem a confiança e são tão danosos para suas organizações: silêncio, segredo e ambiguidade. Ao aprender a se comunicar prodigamente, abrir o orçamento para discussão e lidar com boas e más notícias com a mesma abertura, é possível garantir uma reputação de confiança, interna e externamente.

7ª LEI

ACOLHA O CONFLITO RESPEITOSO

Na maioria das organizações, as pessoas discutem sobre diferenças criativas, território e orçamentos. Elas se enfrentam sobre todo tipo de questões políticas, pequenas e grandes. Quanto mais pessoas, mais enfrentamento. É um fato da vida, pessoal e profissional. A diferença entre uma companhia disfuncional e uma organização de alta confiança não é se há ou não conflito, mas como as pessoas lidam com ele.

Há uma distinção entre o conflito que funciona e o que não funciona. Onde o debate é um fingimento, ele não leva a organização a lugar algum e faz mais mal que bem. Ao contrário, se realmente é um processo cujo objetivo é encontrar boas respostas em um mercado aberto de ideias, então é uma poderosa ferramenta de construção de confiança.

Um padrão de confiança e respeito mútuos no qual vence a melhor ideia, e não o apresentador mais poderoso, permite que a discordância gere ideias melhores. Da discussão de alta confiança surgem não apenas novas ideias, mas também mais confiança. E essa confiança crescente torna o debate menos ameaçador. É um círculo virtuoso.

Steve Jobs podia ser gratuitamente condescendente e impaciente. Mas, na Apple (como comentado na 2ª lei), sua ênfase na livre discussão ajudou a companhia a inventar produtos capazes de mudar o jogo. Jobs sabia que o consenso corporativo — escolher o caminho do meio, dividindo a diferença entre ideias rivais — é uma fórmula para o incrementalismo, a antítese da criatividade e da inovação. Se Jobs tivesse acreditado nessa abordagem, poderíamos ainda estar usando iPods.

O debate robusto impede que as companhias se acomodem no *status quo*. Pergunte à IBM, que não previu a Microsoft. Ou à Microsoft, que não previu o Google, a ascensão dos dispositivos móveis ou o renascimento da Apple.

Inovações tecnológicas dependem de debate. Em *The Creative Priority: Driving Innovative Business in the Real World* [A prioridade criativa: conduzindo negócios inovadores no mundo real], o designer industrial Jerry Hirshberg (carros Nissan, tacos de golfe TaylorMade) cunhou o conceito de abrasão criativa. "O atrito entre indivíduos e grupos é tipicamente considerado danoso", escreveu ele. "A abrasão criativa reconhece as dimensões positivas do atrito, o papel necessário que desempenha no progresso das coisas. Sem ele, motores não funcionariam e uma fonte crucial de calor e eletricidade seria eliminada." O que as melhores organizações fazem, de acordo com Hirshberg, é reconhecer e transformar "momentos repletos de atrito e colisão em oportunidades de inovação".

Para os de fora, uma organização com abrasão criativa pode parecer conflituosa. Mas, do lado de dentro, os líderes sabem que estão atrelando diferentes pontos de vista para impelir o progresso. Como na maioria dos relacionamentos humanos funcionais, as pessoas em organizações de alta confiança lidam com o atrito em um espírito de respeito mútuo. Quando pontos de vista opostos são contestados livremente, o resultado frequentemente é uma solução fora da caixa. Ser proativo ao lidar com as diferenças, embora desconfortável, desenraiza modos de pensar confusos, práticas falhas e manobras políticas. Pode habituar as pessoas a trabalharem para superar suas diferenças, em vez de perseguirem objetivos descoordenados, e isso só acontece quando já existe certo nível de confiança. Enfrentar o conflito exige coragem. Como escreveu Peter Drucker, "sempre que você vê um negócio bem-sucedido, isso significa que alguém tomou uma decisão corajosa". Muitas vezes, a liderança corajosa implica não fugir dos problemas. Quando a confiança é baixa, as pessoas evitam a dor de lidar com eles. Em vez disso, mantêm a boca fechada, tomam meias medidas ou simplesmente vão embora.

Mas, em uma organização de alta confiança, as pessoas correm na direção do incêndio, em vez de esperar que ele se apague sozinho ou que alguma outra pessoa lide com a situação. Afinal, é sua própria casa que está em perigo, uma casa construída durante anos de desafios superados, vitórias e celebrações com pessoas das quais gostam e nas quais confiam. Recentemente participei do conselho da Ladder Capital Finance, uma empresa de investimento imobiliário. Ela foi fundada por Brian Harris, cujo pai era bombeiro no Brooklyn. O pai de Brian ensinou indelevelmente ao filho: "Ao ver um incêndio, corra *na direção* dele, não para longe" — e eu tentei adotar essa visão de mundo.

Deixe-me contar a respeito de meu maior erro comercial, enraizado na minha falha ao não correr na direção do incêndio em um momento no qual assumir a responsabilidade teria feito toda a diferença. No fim de 1986, muitas pessoas no ramo imobiliário americano — atraídas pelos grandes ganhos da indústria na época — não notaram que ele se encaminhava para o abismo. Mas, como sócio sênior da maior incorporadora privada do mundo, a Trammell Crow Company em Dallas, eu tive uma premonição sombria. A empresa tinha mais de 10 bilhões de dólares em ativos imobiliários alavancados e gastava outros bilhões todos os anos comprando e construindo novas propriedades. Em todo o mundo, transformávamos linhas do horizonte e paisagens, criando empregos e riqueza. Foi uma época inebriante, e era difícil fazer uma pausa e analisar por quanto tempo poderíamos seguir em frente antes de nos afundarmos em uma montanha de dívidas.

Sempre fôramos conduzidos pelo credo do fundador Trammell Crow, que gostava de lembrar aos sócios mais jovens: "Na história do mundo, o vendedor *sempre* esteve errado." A maioria de nós crescera em um sistema alérgico a vendas ou mesmo a pegar emprestado menos do que poderíamos, de modo que seguimos em frente, fazendo o que fazíamos melhor: construindo mais arranha-céus, shopping centers e armazéns. Mas, do meu ponto de vista, não sobreviveríamos a menos que freássemos a tempo. Defendi uma grande poda nas atividades de construção. Finalmente, minha insistência em vender todo ativo não estratégico conflitou tão diretamente com a filosofia da Trammell que falhei em fazer o que deveria ter feito desde o começo: conversar com ele frente a frente.

Em vez disso, Trammell e eu começamos a pisar em ovos, com cada um de nós gerenciando a companhia de acordo com sua própria agenda, até que ficou óbvio para todos que não havia unidade no topo. No fim, decidi mudar de estado, preferindo percorrer 1.600 quilômetros semanais para ir de minha casa ao escritório em Dallas a enfrentar abertamente a crise diária de confiança. O mercado imobiliário realmente quebrou, causando tumulto na companhia. Sócios foram embora e eu me vi envolvido em um litígio evitável com Trammell (que fora meu mais importante mentor) e com a companhia (então meu antigo empregador).

Embora os detalhes não sejam importantes, falhar por não correr na direção do incêndio e ser claro sobre minhas preocupações se revelou um divisor de águas em meu modo de pensar sobre a maneira de lidar com os erros e como isso afeta a confiança no interior de uma organização. Minha análise financeira fora sólida, mas eu corri da fumaça que mostrava que o fogo já começara. No fim, todo o episódio pode muito bem ter contribuído para a venda da Trammell Crow Company, algo que ninguém queria.

Meu mau gerenciamento desse conflito foi meu pior julgamento profissional. Contudo, aprendi com ele uma valiosa lição sobre a importância de enfrentar as realidades difíceis. Aprendi também que, quando você escolhe ignorar ou fugir das notícias ruins, só está prejudicando a si mesmo, a seus colegas e a sua família, além de estar violando a confiança que depositaram em você.

Nos quase trinta anos desde então, jamais deixei de lembrar a mim mesmo que devo buscar e aceitar o conflito, e quanto mais cedo melhor. Quando as pessoas discordam abertamente em um espírito de respeito

ACOLHA O CONFLITO RESPEITOSO

mútuo e seguem na direção dos problemas, e não para longe deles, a confiança cresce, em vez de diminuir.

Você pode converter a discordância em oportunidade ao facilitar essas três práticas.

1. **Estabeleça o padrão de que a melhor ideia vence.** Qualquer outro critério para tomar decisões pode muito bem ser sintoma de baixa confiança. Se a melhor ideia perde, isso pode significar que a discordância é tão temida que muitas ideias jamais são reveladas. Pode significar, especialmente, que as contribuições de funcionários novos ou de níveis hierárquicos mais baixos são ignoradas. Quando a diretoria raramente aceita sugestões que não venham de suas próprias fileiras, esses executivos isolados não recebem novas ideias. Em empresas pobres em confiança, que desaprovam ou mesmo punem o debate, o verniz tranquilo da equanimidade pode reinar, mas é o tipo de tranquilidade que se encontra em um hospital. Logo abaixo da superfície fervilha uma espécie de doença muito pior que a febre que pode resultar do conflito. Privadas das informações surgidas de discordâncias expressadas pelo caminho, tais organizações permitem que os problemas se desenvolvam, sem nenhuma rota que leve à necessária mudança. O conflito suprimido sempre encontra caminho até a superfície, mais tarde e de formas mais custosas.

Em culturas de alta confiança, em contrapartida, os líderes não procuram apenas funcionários que sabem andar na linha. Muito pelo contrário. Quando grandes ideias partem de membros menos antigos ou influentes da equipe, os líderes de alta confiança voltam os holofotes para esses participantes inesperados. Esse tipo de celebração encoraja o pensamento ousado em todos os níveis. Quando as melhores ideias vencem, outras boas ideias surgem.

2. **Pense como um mediador, não como um juiz.** Um passo importante na direção de superar as diferenças é assegurar que os membros da equipe sejam ouvidos. Isso significa ser um ouvinte atento

e neutro, sem uma agenda própria. Antes de oferecer feedback, tenha certeza de que ouviu todos os lados. Líderes fortes calam tanto quanto falam. Às vezes, liderança pode significar silêncio. Quando outros têm permissão para falar, a confiança cresce.

Quando qualquer uma das partes em conflito se afasta fervilhando de ressentimento, toda a organização sofre. Assim, embora você queira exercer a sabedoria de um juiz, tente também refletir a atitude de um mediador: em vez de atribuir erros ou escolher lados, procure um terreno comum para criar soluções favoráveis para ambas as partes. Pode ser que, ao procurar mais pontos de vista e permitir que se choquem, o grupo possa encontrar uma solução construída a partir de diversas perspectivas. Às vezes, não há como encontrar a quadratura do círculo e é contraproducente tentar harmonizar o que é irreconciliável. Mas é preciso pensar duas vezes antes de declarar um impasse e, até lá, assegurar que todos sejam ouvidos de maneira justa.

3. **Não deixe que as tensões cheguem ao ponto de fervura.** Rixas reprimidas invariavelmente explodem. Discordâncias acontecem. Assim, vá processando o conflito pelo caminho. Se houver uma válvula de segurança na panela de pressão, não haverá uma explosão.

*

Mesmo após seguir tais conselhos, é inevitável que algumas conversas terminem em sentimentos feridos. Quando as pessoas estão comprometidas com suas ideias, elas se importam com os resultados e se colocam na linha de frente. Mas líderes de alta confiança percebem que isso é uma boa coisa e que o conflito é infinitamente melhor que a apatia. Instituir uma cultura na qual o conflito seja processado abertamente é vital não somente para a inovação, mas também para a geração de confiança. Mas a tensão deve ser encarada e discutida abertamente. Você não pode temer o fogo.

ACOLHA O CONFLITO RESPEITOSO

    Líderes coercivos que reprimem o debate, que nivelam diferenças ou fogem dos incêndios podem colocar um fim temporário ao conflito, mas meramente aumentam a probabilidade de que essa paz superficial exploda e se transforme em agressão aniquiladora da confiança. Mover-se na direção do fogo, em contrapartida, assegura que as melhores ideias vençam e permite que os líderes extingam qualquer chama que ameace a organização.

8ª LEI

DEMONSTRE HUMILDADE

Divas preocupadas com autopromoção e executivos acumuladores de poder destroem a confiança organizacional. Líderes de alta confiança, por outro lado, veem-se como administradores, guiando pessoas, ativos e decisões, e protegendo os valores e a visão que constituem a organização. E isso requer humildade.

O presidente francês Charles de Gaulle — que não era exatamente modesto — costumava lembrar às pessoas que "os cemitérios estão cheios de homens indispensáveis". Líderes no estilo diva que ignoram esse lembrete mordaz sobre a importância da humildade têm pouca probabilidade de construir algo que dure mais que eles mesmos. Somente aqueles interessados na liderança como mais que mera gratificação do ego têm chance de construir algo que perdure.

Quando um CEO se torna uma celebridade, ele pode muito bem estar precisando colocar a casa em ordem. Em *Empresas feitas para vencer*, Jim Collins lamenta a tendência dos conselhos administrativos de se "apaixonarem por CEOs carismáticos", uma tendência que foi "muito danosa" para "a saúde de longo prazo das companhias". De fato, sua pesquisa mostrou que os melhores CEOs geralmente recebiam pouquíssima atenção, tanto na imprensa tradicional quanto nas entrevistas para seu livro.

É natural que líderes fortes sintam que fazem diferença vital para tudo — e todos — na organização. Eles frequentemente acreditam que o legado corporativo e seu próprio legado são a mesma coisa. Mas esse tipo de arrogância (*après moi, le déluge*) pode ser fatal para a confiança. Líderes com a atitude de "eu primeiro" muitas vezes estão distraídos demais interpretando o cara mais esperto na sala para perceberem que as águas começaram a subir e toda a organização está em risco. Foi exatamente o que aconteceu na Enron. Quando o CEO Jeff Skilling proclamou "Eu *sou* a Enron", a gigante da energia estava no auge. Então veio a tempestade. Quando as águas baixaram, Skilling estava na prisão e seu nome se tornara sinônimo de uma das maiores falências na história dos Estados Unidos.

A arrogância exibida por ele, juntamente com o fundador Kenneth Lay e o CFO Andrew Fastow, não destruiu apenas a Enron. Sua letal falta de humildade danificou a confiança do público nos líderes corporativos em geral. Com os escândalos na WorldCom, Tyco, Global Crossing, Adelphia Communications e Enron, não foram apenas essas companhias ou seus líderes de baixa confiança que sofreram, fomos todos nós.

Parecido com a destruição da confiança causada por divas megalomaníacas é o dano que os bancos de Wall Street podem causar às empresas e à economia em geral, como no fiasco de 2008. Esses desastres afetaram as atitudes populares em relação a todo o sistema de capitalismo de livre mercado. A confiança de muitos no sistema que tem sido o mais espetacular gerador de inovação da história foi prejudicada pela ambição desenfreada de alguns poucos.

Os líderes só conseguem construir uma organização duradoura quando se baseiam na humildade por meio do autointeresse esclarecido. A declaração *"L'état c'est moi"*, atribuída ao rei francês Luís XIV, não é um princípio sustentável de governo. (Na verdade, ajudou a lançar as sementes da Revolução Francesa.) Em contrapartida, a humildade permite que o líder construa um futuro que não verá, assegurando que as melhores partes do negócio não apenas perdurarão, mas continuarão a ser desenvolvidas pela geração seguinte.

Assim como organizações de alta confiança têm o cuidado de não contratar imitadores de Luís XIV, elas também evitam tratar seus funcionários como cidadãos de segunda classe. Como papéis e relacionamentos hierárquicos diferem, organizações de alta confiança descobrem maneiras de tratar com dignidade aqueles que não são executivos, não possuem diplomas da Ivy League ou realizam suas tarefas discretamente. O CEO vê a recepcionista como "auxiliar" — um rosto anônimo pelo qual ele passa todas as manhãs — ou como um membro da equipe com potencial de subir nas fileiras, encorajada pela lembrança de ter sido bem tratada pelo chefe?

Líderes de alta confiança presumem que todos os funcionários estão a caminho de grandes realizações. Eles podem lembrar que Rodney McMullen começou como estoquista de um supermercado Kroger local antes de se tornar seu CEO 36 anos depois. Similarmente, o CEO do Walmart, Doug McMillon, começou como estagiário de verão em um centro de distribuição, recebendo por hora para descarregar caminhões. Na Boeing, Alan Mulally foi contratado como engenheiro assim que saiu da faculdade e avançou até se tornar CEO, antes de ser contratado como diretor executivo da Ford. E Carly Fiorina nos lembra que alguém que trabalhou como recepcionista e secretária pode se tornar CEO e candidata a presidente.

É impossível construir uma organização de alta confiança a partir de um sistema de castas. Embora sempre haja diferentes posições em uma equipe, com diferentes níveis de responsabilidade, cada um dos membros é vital para vencer. Ninguém deveria se sentir desimportante para a missão. Para montar um grupo de alta confiança, um líder precisa mostrar que todo mundo é valioso.

A importância de demonstrar apreço por cada membro da equipe, bem como pelas contribuições daqueles que estabeleceram a base da companhia, foi demonstrada por William A. Hewitt na John Deere. Após um século de domínio da International Harvester (IH) na indústria de maquinário agrícola, a competidora John Deere passou a contar com um novo presidente, Hewitt, recém-saído da Escola de Negócios de Harvard e casado com a tataraneta do John Deere original. Hewitt começou a transformar a companhia em uma corporação multinacional, mas sem permitir que perdesse seu *éthos*.

Durante seus 27 anos no cargo, ele subordinou a própria personalidade ao rico legado da companhia. Hewitt amava citar "exemplos passados de sabedoria e liderança conservadoras para os colegas, como maneira de [...] reforçar a cultura baseada em valores", de acordo com a história da companhia escrita por David Magee. Ele inspirava confiança em seus funcionários enquanto ajudava Deere a ultrapassar a IH. Quando Hewitt se aposentou, um colega afirmou: "Ele nos fez perceber quão bons *nós* éramos." É difícil imaginar um elogio maior para um líder: ser capaz de gerar confiança entre as pessoas e, tão importante quanto, empoderá-las para que confiem em si mesmas.

Pode soar como um paradoxo, mas, para serem efetivos e de alta confiança, líderes precisam se ver ao mesmo tempo como vitais e dispensáveis. Muitos líderes são realmente grandes homens e mulheres; o truque é não anunciar e muito menos acreditar nisso. Quando César entrou triunfalmente em Roma, sob os vivas da multidão que o adorava, ele fez com que um guarda sussurrasse repetidamente em seu ouvido: "Você é apenas um homem." A suspensão do ego de um líder é essencial para que ele aprenda com os erros inevitáveis. A menos que os líderes tenham a modéstia de aprender, crescer e enfrentar a jornada junto com todos os outros, poucos quererão confiar neles.

Líderes podem tentar entronar a humildade como elemento fundacional da geração de confiança dessas cinco maneiras:

1. **Lembre-se do mantra "Trata-se da missão, não de mim mesmo".** Você pode ser o líder, mas não confunda sua identidade com a identidade da organização. Pessoas excepcionais podem criar boas organizações, mas organizações excepcionais perduram por causa de valores que transcendem qualquer indivíduo.

2. **Reúna a história da organização.** Isso inclui fundadores, inventores e colaboradores notáveis. Faça com que os quadros que pendura nas paredes capturem a história da organização e aqueles que trabalharam nela.

3. **Reconheça e celebre abertamente as realizações.** Isso é particularmente importante para os heróis invisíveis que labutam em toda organização a fim de manter os trens chegando no horário. Não perca a chance de reconhecer e agradecer pelo que fazem. A gratidão é essencial para a confiança.

4. **Ao agradecer alguém, seja específico.** Não diga apenas "Obrigado pelo excelente trabalho". Dê detalhes. E faça isso na frente dos colegas. Entre outras vantagens, isso exige que os líderes se deem ao trabalho de saber como são feitas muitas das coisas que cotidianamente passam despercebidas nas organizações.

5. **Procure maneiras divertidas e significativas de as pessoas interagirem fora do trabalho.** Piqueniques, golfe, jogos e projetos comunitários são atividades tradicionais que muitas companhias patrocinam a fim de construir laços no interior das equipes. Funcionários de todos os departamentos da JetBlue já plantaram cerca de 4 mil árvores em Nova York. E, após o furacão Sandy, os tripulantes passaram um total de 25 mil horas entregando refeições quentes para as vítimas. No fim, tanto os tripulantes quanto a cidade de Nova York se beneficiaram.

*

Para construir uma empresa de alta confiança, é preciso demonstrar integridade pessoal, investir no respeito interpessoal, empoderar os membros da equipe, mensurar aquilo que se quer realizar, criar um sonho, comunicar-se prodigamente e tornar o conflito construtivo. A 8ª lei da confiança prega ter a autopercepção, o autoceticismo — em resumo, a humildade — de reconhecer as sete anteriores.

Criar uma cultura durável de alta confiança significa focar no sucesso e no bem-estar da organização como um todo e, primariamente, dos membros individuais da equipe que lhe fornecem energia e vitalidade. Se quer ser um líder de alta confiança, você precisa estar no centro, sem *ser* o centro.

9ª LEI

PROCURE NEGOCIAÇÕES
MUTUAMENTE VANTAJOSAS

Ao negociar com terceiros, naturalmente precisamos avaliar se são confiáveis. Confiamos em nossos advogados para serem fiduciários de nossos interesses nesses casos, mas há muitas negociações internas que são mais como conversas, nas quais não somos representados por advogados e a confiança escora a discussão.

É útil pensar nas negociações como conversas sobre compromissos. Cada conversa tem um objetivo. Quando sua mentalidade é querer que a outra parte "ganhe" — que também consiga algo que deseja —, você está no caminho para as negociações bem-sucedidas. Seja um pedido para pegar as crianças ou seguir o orçamento, as pessoas constantemente fazem concessões, nos negócios, no governo, em famílias, igrejas e escolas.

As negociações estilizadas a respeito de transações comerciais tipicamente envolvem advogados e contadores ajudando executivos a decidir preços, termos, prazos, soluções e representações e garantias. Tais negociações podem gerar confiança ou destruí-la, assim como as conversas diárias em torno da mesa do café da manhã ou no bebedouro. Conscientes da economia da confiança — da ideia de que a conversa de hoje não é um evento único, mas faz parte de uma série —, tendemos a graciosamente fazer compromissos durante as negociações cotidianas, adaptando-nos ao constante dar e receber que faz parte de todo relacionamento de alta confiança.

Compare essas interações cotidianas com a versão hollywoodiana das negociações comerciais, na qual executivos participam de uma batalha verbal de ambos os lados de uma longa mesa de reuniões, flanqueados por advogados, banqueiros e consultores. Armadilhas são criadas, vozes são erguidas e ameaças são feitas até que um dos combatentes consegue colocar o outro contra a parede. Triunfante, Gordon Gekko friamente se declara vencedor: "Não é uma questão de 'ser suficiente', parceiro. É um jogo de soma zero; alguém vence, alguém perde."

Graças a tais obras de ficção, muitas pessoas acham que o objetivo da negociação é maximizar o ganho econômico imediato, sem considerar o impacto para o outro lado ou as consequências de longo prazo. Surgiu uma indústria caseira de autoproclamados especialistas em negociação que oferecem maneiras de manter potenciais empregadores, fornecedores e outros "adversários" nas cordas. Mas, no longo prazo, tratar as negociações como uma luta de boxe resulta em socos que jamais deveriam ter sido desferidos e em muito sangue desnecessariamente derramado.

Uma maneira melhor — que constrói, em vez de destruir, confiança — é descrita no clássico *Como chegar ao sim*, um best-seller do início da década de 1980 escrito por Roger Fisher e William L. Ury e ainda empregado em escolas de negócios. O livro pretende demonstrar que, quando os negociadores "separam as pessoas do problema", "focam em questões, não em posições" e "inventam opções para o ganho mútuo", eles têm mais chances de encontrar resultados aceitáveis para todos os participantes.

Em certo sentido, todas as negociações são seriais, não episódicas, então imagine que você está lentamente construindo uma marca, uma reputação que o seguirá durante toda sua carreira. Extrair um acordo impressionante de sua contraparte pode se mostrar caro no longo prazo. Por um lado, você pode abrir mão da chance de fazer mais negócios com essa pessoa ou com outras que lhe são próximas. Por outro, pode não ter feito nada além de criar um acordo instável.

PROCURE NEGOCIAÇÕES MUTUAMENTE VANTAJOSAS

Praticar e internalizar essas seis atitudes podem ajudar a modelar a maneira de gerar confiança na mesa de negociações (ou de jantar):

1. **Presuma que esta é apenas uma conversa em uma narrativa contínua.** Durante o curso de sua carreira, você se envolverá em milhares de negociações. Conseguir o que quer a qualquer preço não é a reputação que deseja. Embora as pessoas possam não se lembrar dos resultados não ideais de uma única negociação, elas jamais se esquecerão de como se sentiram quando você ignorou suas preocupações ou as tratou desrespeitosamente. Você não é obrigado a garantir que aqueles do outro lado obtenham um excelente acordo, mas quer que se sintam respeitados. Se o fizerem, as oportunidades que surgirão no futuro mais que compensarão qualquer coisa de que você ache que abriu mão para assegurar um acordo justo.

2. **Considere os interesses do outro lado.** Entender que os interesses de seus parceiros de negociação são legítimos demonstra respeito. (Presuma que eles também podem estar ansiosos sobre sua confiabilidade.) Quando virem seus esforços para entender a perspectiva deles, provavelmente ficarão mais dispostos a iniciar um diálogo honesto, o que tornará mais fácil encontrar uma solução que todos vejam como vitoriosa.

Pense em seu objetivo como estabelecer um preço justo para o que os outros participantes querem. Cabe a eles decidir se suas demandas valem esse preço. Você saberá que está chegando perto quando puder descrever as necessidades deles de um modo que os satisfaça e eles puderem reconhecer o preço que você estabeleceu para o que estão pedindo.

3. **Tente criar valor para todas as partes.** Ninguém está aconselhando a capitulação. Mas a questão não é bater na outra pessoa até que ela se submeta, como se você só pudesse vencer quando ela perde. Se sua contraparte se beneficia da negociação e você também

fica satisfeito, você criou duas vitórias. Fortalecer seu relacionamento com a outra parte pode significar mais negócios, mais indicações, uma marca mais forte e acordos mais duradouros.

4. **Fuja das táticas psicológicas.** Muitas pessoas iniciam as negociações analisando quem tem mais poder legal ou econômico e quem está mais disposto a desistir. Essa mentalidade voltada unicamente para o poder é capaz de carregar negativamente a discussão e conduzi-la na direção errada, transformando-a em uma batalha de vontades. Você pode evitar isso ao focar primeiro nos princípios com os quais ambos os lados concordam. Considere Lee Iacocca, o ex-CEO da Chrysler. Sua abordagem da negociação era consistente com a geração de confiança nas negociações: "Ser honesto é a melhor técnica que você pode usar. Desde o início, diga às pessoas o que está tentando realizar e o que está disposto a sacrificar para isso."

5. **Encontre poder nas perguntas.** A maioria das pessoas lhe dirá o que quer da negociação se você simplesmente fizer as perguntas certas. Nas negociações, como na vida, ouvir mais que falar é uma boa regra. Fazer uma sondagem sobre a perspectiva da outra parte pode gerar insights sobre como estruturar um acordo. Se o outro lado diz que sua principal preocupação é o preço e se você está disposto a aceitá-lo, pode ser capaz de estabelecer os outros termos. Entender a interdependência dos cinco elementos mencionados no início do capítulo (preços, termos, prazos, soluções e representações, e garantias) pode ajudar a conseguir acordos benéficos para ambos os lados.

6. **Escolha cuidadosamente as pessoas com quem negocia.** É difícil manter discussões produtivas com pessoas que não se alegram com esse processo e preferem disputas agressivas para encontrar soluções criativas. Como Trammell Crow costumava dizer: "Não é possível fazer bons negócios com pessoas ruins."

PROCURE NEGOCIAÇÕES MUTUAMENTE VANTAJOSAS

Você não pode chegar a acordos justos com pessoas cuja única preocupação é o próprio ganho de curto prazo, servindo somente ao autointeresse não esclarecido. Assim, se pretende criar uma organização de alta confiança, escolha aqueles que já partilham de seus valores, assegurando que ao menos suas negociações internas serão com pessoas nas quais confia. E siga o conselho de George Bernard Shaw: "Nunca brigue com um porco. Vocês dois ficarão sujos, mas o porco vai gostar." Tente negociar (e contratar e promover) somente com pessoas confiáveis.

*

Cada conversa, cada negociação, promove ou destrói a confiança. Construir a reputação de ser justo aprofunda a confiança entre todos os membros da equipe, resultando em arranjos flexíveis e relacionamentos prazerosos entre os colegas.

10ª LEI

PROSSIGA COM CUIDADO

Todos os três tipos de relacionamento aos quais aplicamos a palavra *confiança* podem resultar em traição. A confiança recíproca pode terminar em divórcio ou no fim de uma sociedade interdependente. A confiança representativa pode enfrentar um descumprimento do dever fiduciário no qual o profissional tira vantagem de seu conhecimento ou treinamento superior. E, pela natureza da pseudoconfiança, a traição está à espera quando as circunstâncias mudam, tornando-a somente um substituto conveniente para a confiança real.

Assim, há muitas razões para estarmos conscientes das armadilhas da confiança. Mas, se alguém concede confiança somente após analisar cuidadosamente caráter, competência e autoridade, a traição se torna menos provável. Essa análise significa saber em quem confiar ou, dito de outro modo, uma confiança inteligente.

Em tempos difíceis, a confiança é a moeda mais potente de um líder. Quando trabalhamos com um líder em cuja integridade e visão acreditamos e que, por sua vez, respeita e empodera os que estão ao seu redor, a distância entre líderes de alta e baixa confiança se torna ainda mais destacada.

Em vez de se apoiar nas leis da confiança, líderes de baixa confiança lançam mão do puro poder em tempos de crise. Se você trabalha sob liderança de tais pessoas, rapidamente percebe os sinais reveladores quando elas gastam sua energia manipulando as alavancas do poder. Nicolau Maquiavel notoriamente escreveu: "É muito mais seguro ser temido que amado." Essa abordagem funciona — até o momento em que deixa de funcionar. Maquiavel não dirigiria por muito tempo uma empresa bem-sucedida de profissionais do conhecimento.

Quando um CEO não consegue reverter a queda no preço das ações da empresa ou a taxa de aprovação de um congressista chega perto do zero, o poder que usam para fazer as coisas já não parece tão potente. Como nunca se preocuparam em (ou pagaram o preço de) criar confiança genuína entre aqueles com quem trabalham, quando as coisas dão errado eles descobrem que nada têm a oferecer e ninguém para liderar.

De fato, durante mudanças e crises, o melhor ativo que um líder possui é seu caráter, inspirando as pessoas a darem saltos de fé junto com ele. Os melhores líderes trabalham para desenvolver a confiança no longo prazo, empoderando intencional e cuidadosamente os outros, de maneira consistente com as dez leis da confiança. Líderes determinados a criar culturas nas quais a confiança é mais que uma noção agradável sabem que esse é um trabalho duro. "Conquistar a confiança não é fácil, não é barato e não acontece rapidamente", escreveu Max De Pree em *Leadership Without Power* [Liderança sem poder]. "A confiança só é conquistada com esforço genuíno, jamais com tentativas superficiais."

As organizações não são as únicas prejudicadas durante as crises; carreiras são destruídas e as pessoas deixam de realizar todo seu potencial. Líderes que se utilizam do exercício de dominação sobre outros para maximizar seu próprio sucesso descobrem que ninguém os segue quando não possuem as ferramentas do medo e da recompensa. Talvez o pior de tudo seja perderem a chance de desenvolver relacionamentos estáveis, construir organizações duradouras e criar oportunidades de crescimento e significância, além de não gozarem da satisfação e da paz derivadas de receber a confiança de outros — e serem dignos dela.

Assim, totalmente consciente das desvantagens da traição, é possível adotar com sucesso as dez leis da confiança a fim de construir uma organização efetiva e duradoura. O truque é fazer isso com cuidado. Ao descobrir em quem confiar e sob que circunstâncias, eis cinco atitudes mentais a considerar:

1. **Nos momentos de calma antes de qualquer crise, imagine-se tendo o dever de liderar.** Os bombeiros que entraram no World Trade Center em 11 de setembro já haviam tomado a decisão de liderar muito antes de enfrentarem a crise. Estavam comprometidos com uma decisão que não precisaram tomar naquele momento. Do mesmo modo, líderes confiáveis estão comprometidos com a liderança quando a situação é crítica. Se a confiança foi nutrida, o comprometimento dos membros da equipe será recíproco. Tendo passado por algumas retomadas comerciais, posso dizer que elas não são divertidas, mas os laços de confiança forjados nas trincheiras são incomumente duráveis.

2. **Pense em si mesmo como fiduciário.** Isso significa ser o guardião especial dos interesses de outros. Ter um dever para com os outros torna mais fácil assumir tarefas difíceis que você poderia relutar em assumir se se tratasse apenas de si mesmo. Aliás, levar a vida olhando pelas lentes fiduciárias é a melhor forma de garantir relacionamentos baseados na confiança.

3. **Saiba que terá de continuar a correr na direção dos incêndios.** É preciso tempo para levar a confiança a um nível que inspire as pessoas a correrem na direção de incêndios (ver 7ª lei). Não há atalhos. E, se você não for cuidadoso, tudo que construiu pode ser perdido em um minuto. Se escolheu liderar investindo na confiança, saiba que terá de continuar a merecê-la através da consistente aplicação de suas leis. A recompensa — unir as pessoas de maneiras poderosas — valerá a pena.

4. **Pense no longo prazo.** Quando as tensões começarem a emergir inexoravelmente em sua organização, faça uma pausa. Retome as coisas mais tarde. Mas seja específico, de modo que ninguém fique sem resposta: "Vamos falar disso novamente amanhã, depois de pensarmos a respeito." Isso significa amanhã, não alguma data indeterminada no futuro.

5. **Não tenha medo.** Entrar precipitadamente em um incêndio de gestão pode significar que você calculou mal. Ao esperar demais, a chance de solucionar o conflito e aprender com ele desaparece. Escolher o momento certo exige discernimento. Timidez e dúvidas não são características de organizações de alta confiança. Se está amedrontado, considere que o medo é o rasgo no tecido da confiança que cria os maiores riscos durante potenciais momentos da verdade. Como postergar usualmente significa lidar com um problema ainda maior em um futuro ainda mais incerto, descubra o motivo por trás de sua relutância em correr na direção do incêndio e trate dele abertamente. Então foque na ação. A despeito de meu conselho de seguir com cuidado, não confunda cautela com timidez.

*

Honrar esses princípios pode fazer toda a diferença para a produtividade, a inovação, a retenção de profissionais do conhecimento e, acima de tudo, para seus próprios sentimentos de bem-estar e felicidade. Mas criar os laços de confiança que aumentam a colaboração exige um comprometimento de vida inteira. Se embarcar nessa jornada e observar prudentemente seus princípios, você pode ter certeza de que a vista valerá a escalada.

RESTAURANDO A CONFIANÇA

Grupos de alta confiança não se formam por acidente, nem da noite para o dia. Eles são criados deliberada e meticulosamente por líderes disciplinados no exercício das dez leis da confiança. Molière estava certo: "As árvores que demoram a crescer dão os melhores frutos." Dar todos os passos conscientes para criar uma cultura de alta confiança é um processo de paciência, uma pessoa de cada vez, conversa a conversa.

E vale a pena. Negociar, criar filhos e construir empresas com pessoas confiáveis torna a vida recompensadora. Nossa tendência, reforçada por boas experiências, é confiar e agir como se a traição fosse improvável. E essa se revela uma boa aposta se a decisão estiver escorada firmemente nas três condições essenciais para a confiança inteligente: caráter, competência e autoridade. E se, após termos escolhido confiar naqueles que passaram no teste, asseguramos essa confiança seguindo as dez leis para gerar relacionamentos de alta confiança, as chances de traição diminuem radicalmente.

É claro, sempre haverá aqueles que traem a confiança. Eles tendem a ver a vida somente através dos próprios olhos, sempre desconectados e autorreferentes. Estão cegos para a cadeia de eventos e relacionamentos que se torna óbvia quando se vê a vida através de lentes grande-angulares. Posicionar-se no centro de seu próprio universo condena os traidores a verem os outros como ferramentas, meros obstáculos ou facilitadores dos objetivos imediatos. Para eles, a confiança, em cada uma de suas formas, está sujeita à quebra. Sua aparente existência pode até mesmo ser usada como isca e arma.

A notícia reconfortante é que a maioria dos profissionais realmente honra a confiança concedida pelos clientes. Na verdade, quando se trata da confiança representativa ou recíproca, minha experiência diz que praticamente todos os fiduciários pagos são confiáveis e representantes leais com os quais podemos contar, em parte porque as desvantagens de não ser confiável são muito grandes. E a vasta maioria das pessoas honra os interesses de seus parceiros como se fossem os próprios.

Mesmo assim, ninguém é invariavelmente fidedigno ou perpetuamente confiável, seja por razões de caráter, competência ou falta de autoridade. Assim, precisamos iniciar os relacionamentos de confiança entendendo o que é preciso fazer em caso de traição. Alguns poucos daqueles nos quais você acha que pode confiar são trapaceiros profissionais, proficientes não nas tarefas para as quais você os contratou, mas em justificativas, encobrimentos e falsas aparências. Outros são ineptos ou foram inadequadamente empoderados para cumprir suas promessas. Mesmo os capazes e de bom coração podem não as cumprir, seja sob o peso de fatores externos ou mau julgamento, seja simplesmente por falta de autoridade. Todos devemos esperar um colapso da confiança em algum momento futuro. Aquele que à primeira vista parece Warren Buffett pode na realidade ser Bernie Madoff.

Como não há garantias, precisamos saber o que fazer se nossa confiança se revelar erroneamente concedida. Por mais indispensável que seja como catalisadora da inovação, da tomada de decisões e da durabilidade dos contratos, ela pode falhar. Isso dito, os mais cautelosos, ao estabelecerem elaborados mecanismos de policiamento, correm o risco de outro tipo de fracasso: o das oportunidades perdidas, da vida que jamais é animada pela energia colaborativa que decorre da confiança inteligentemente concedida.

As dez leis da confiança, se não forem seguidas ou se forem implementadas com canalhas, não são uma garantia contra o risco de traição. Mas as chances de traição podem ser minimizadas e os danos que ela causa à psique podem ser superados se entendermos sete realidades.

1. **A traição em algum momento é provável.** No início de minha carreira no ramo de empreendimentos imobiliários, aprendi algo sobre ser insuficientemente vigilante. Frank (não é seu nome real) parecia um jovem associado muito capaz. Ele recomendou entusiasticamente que seguíssemos adiante com um importante projeto. Ao mesmo tempo, secretamente escreveu um memorando confidencial "para os arquivos", resumindo os pontos negativos do empreendimento e recomendando que fosse abandonado — exatamente o mesmo empreendimento no qual acabara de me aconselhar a investir. Frank achava que tinha bolado um plano sagaz para se resguardar do que quer que acontecesse. Baseado em sua persuasiva apresentação oral (e, obviamente, não no que ele recomendara por escrito), segui adiante. Quando a empreitada se revelou um fantástico sucesso, minha confiança em Frank cresceu; minha empresa o transformou em sócio e expandiu suas responsabilidades.

Se tivesse lido o incongruente memorando secreto, eu rapidamente teria reconhecido que minha confiança fora erroneamente concedida e que Frank não a merecia, e muito menos uma promoção. Pessoas confiáveis não agem dessa maneira. Somente ele conhecia ambas as versões da análise que fizera. Seu cálculo traiçoeiro se baseava no fato de que mais de quatro anos se passariam até que o projeto imobiliário desse resultados. Se fossem bons, como esperado, ele indicaria legitimamente ter ajudado a impulsioná-lo. Por outro lado, se fossem ruins, ele teria um memorando arquivado destacando suas restrições, o que talvez se mostrasse útil.

Anos depois, um assistente descobriu o memorando contraditório de Frank e eu o confrontei. Sua explicação foi que havia sido criado em uma cultura que punia os erros tão severamente que seus membros relutavam em correr o risco de fazer recomendações. Quando pressionado a, como ele disse, "dar a cara a tapa", sua natureza era se proteger no caso de uma possível punição. Por causa disso, Frank instintivamente traiu uma confiança que seria difícil restaurar.

Quando sua duplicidade foi revelada, um de meus sócios comentou: "A genialidade de Frank foi desperdiçada nessa sociedade. Seu real talento é para a manipulação, a ambiguidade e o encobrimento." Essas "habilidades" podem ser consideradas obrigatórias em contextos de baixa confiança, mas, em um casamento ou sociedade — que requerem suprema confiança, onde a transparência é a base do relacionamento —, elas solapam sua principal moeda. Para mim, era impossível voltar a confiar integralmente em Frank sem um esforço de restauração de sua parte. A quebra de confiança representada por seu memorando furtivo, somada a sua falha em promover uma reconciliação, significou que seu próximo passo foi procurar um novo emprego.

2. **A traição machuca.** Quebras do dever fiduciário são piores que quebras de contrato. Quando somos traídos, não é como se nosso carro tivesse quebrado ou tivéssemos perdido o anel que nossa mãe deixou como herança. Fomos enganados por alguém em quem confiávamos. Entregamos nossa confiança a eles e eles a violaram. Ainda pior, em algum lugar nos recessos mais profundos de nossa consciência, tememos que a traição tenha sido possível por causa da ausência de cautela de nossa parte. Em outras palavras, facilitamos a traição, em uma espécie de joint venture.

Depois que Madoff foi exposto em 2008 como maior fraudador de esquema Ponzi da história dos Estados Unidos, um gestor financeiro me disse que vários de seus clientes o haviam pressionado a investir nos fundos de Madoff. Praticamente imploraram para que alguém tirasse vantagem deles. Mas meu amigo visitou o escritório de Madoff no centro de Manhattan e concluiu que ele podia ser apenas um cara com uma impressora e um contador criativo. Como resultado, para pesar de seus clientes endinheirados, meu amigo se recusou a investir em seus fundos. Muito mais tarde, os investidores telefonaram para agradecer.

Em negócios e parcerias, assim como em amizades e casamentos, há a tendência natural de aceitarmos as coisas como parecem ser e como queremos que sejam. É por isso que trapaceiros se dão bem e é por isso que a traição machuca. Os investidores de Madoff olham para o que aconteceu e se perguntam como puderam ser tão crédulos. Sua resposta pode ser jamais confiar novamente.

3. **A traição nem sempre é pessoal.** A traição não está limitada a sócios ou fiduciários, cônjuges ou parentes. A confiança do público pode ser violada. Em um dos mais notórios exemplos recentes, o ciclista Lance Armstrong finalmente admitiu o uso crônico de doping sanguíneo na busca da obtenção de seus sete títulos do Tour de France. Para piorar a assombrosa queda de um atleta reverenciado pelo mundo, ele só admitiu o fato após anos de veementes negativas públicas. Mesmo então, pareceu racionalizar, afirmando que suas vitórias haviam sido legítimas porque, supostamente, todos os outros faziam a mesma coisa e ele só estava equilibrando o jogo. A mensagem perversa: se todo mundo trai, ninguém trai. Assim, quando se trata de avaliar a confiança, além de apreciar a importância da cautela, lembre-se deste corolário: após a quebra de confiança, vêm as racionalizações. O traidor raramente confessa. Ele é ambíguo, desconversa, discute minúcias. Esse sapateado é sua melhor jogada e pode até mesmo impressionar você. Assim, é preciso ser duplamente cauteloso com a racionalização que se segue à traição.

No caso de Armstrong, a traição foi tão bem escondida que levou anos para remover os baluartes construídos por aqueles que tinham interesse em protegê-lo. E não é preciso ser cínico para perceber que a farsa poderia ter continuado anos adiante. No fim, o seu declínio foi de tirar o fôlego e os estragos, colossais. O ícone do esporte foi de heroico sobrevivente do câncer a pária. O público rapidamente rejeitou sua narrativa, apesar de todo o bem que ele fizera.

Assim como o presidente Richard Nixon perdeu seu lugar na história ao mentir sobre um "assalto" e o presidente Bill Clinton manchou seu legado ao se divertir com "aquela estagiária", Armstrong foi privado de sua própria reputação. Na maioria das vezes, a confiança é um adesivo de uso único. É possível destruir em um minuto a confiança que se levou anos para construir, e ela pode nunca mais ser totalmente recuperada. Pode.

4. **A reconciliação é possível, embora difícil.** Reconciliação significa que ambas as partes enfrentaram abertamente a quebra de confiança e concordaram em deixá-la para trás. E, é claro, que o traidor pediu desculpas à parte prejudicada. Nem Armstrong, Madoff ou, aliás, meu colega Frank tentaram se reconciliar com aqueles que traíram — e talvez tenha sido melhor assim. Ordinariamente, investir na formação de laços com os que estão dispostos a pagar o preço de seguir as dez leis da confiança é um uso muito melhor da energia de todos. Em alguns casos, a descoberta da violação é um gatilho benigno que expõe o que era falso. Muitos casamentos terminam assim. O mesmo acontece com parcerias comerciais.

Há vários passos a serem dados se sua confiança foi traída:

- **Aceite alguma responsabilidade.** Ainda que a culpa seja do traidor, raramente o traído não desempenha algum papel na enganação. Por mais doloroso que seja admitir isso, pode ser o primeiro passo para a recuperação.
- **Reconheça que não está sozinho.** Aceite que outros, sem dúvida, também já foram enganados. Você não está sozinho.
- **Considere a seriedade do problema.** Embora a rotina requerida para gerar confiança seja parecida com a de entrar em forma, um exercício de cada vez, reconheça que restaurar a confiança será mais parecido com se recuperar de um acidente de carro, no qual o corpo não está somente fora de forma, mas destroçado. Como na triagem que a equipe de emergência faz com cada vítima, qualquer chance de restauração começa com o diagnóstico da severidade do dano.

Em outras palavras, uma contusão no pescoço é uma coisa; uma lesão na medula é outra bem diferente. Assim como o tetraplégico tem opções limitadas de recuperação física, o mesmo se dá com relacionamentos que sofreram certas quebras de confiança. Fazer com que um relacionamento outrora saudável volte a ser funcional pode ser simplesmente uma questão de

resolver um mal-entendido. Ou talvez as opções sejam limitadas. Se esse for o diagnóstico, precisamos nos perguntar se compensa tentar reconstruir a confiança.
- **Conserte rapidamente o que pode ser consertado.** Quando uma traição pode ser explicada como um único tropeço, talvez causado por circunstâncias atenuantes, pode valer a pena dar outra chance ao traidor. Há bastante espaço para a redenção nesses casos, e isso beneficiará tanto aquele que desculpou quanto aquele que foi desculpado. Outro caso no qual pode ser vantajoso consertar as coisas é quando os benefícios são muito grandes. Em quebras de confiança entre um casal, especialmente quando há crianças envolvidas, pode valer a pena buscar a reconciliação simplesmente porque há muita coisa em jogo.

5. **Os passos na direção da restauração são difíceis.** Restauração significa restituição: pagar pelos danos econômicos ou psicológicos, de modo que as partes possam retomar seu relacionamento. Assim como há princípios para gerar confiança, há princípios que governam sua restauração. Embora as chances de restaurá-la aos níveis anteriores sejam baixas — e mesmo quando a restauração total é inalcançável —, é útil seguir estas regras:

- **Seja realista sobre o potencial.** Comece sem ilusões: o processo de restaurar a confiança destruída é diferente do processo de construí-la. Recuperar-se de uma traição é mais difícil, mais custoso — e, o pior de tudo, tem menos chances de dar certo — que garantir a confiança desde o início. Isso sugere claramente que, ainda que haja apenas uma suspeita de traição durante a criação de uma cultura de alta confiança, é prudente solucioná-la antes que haja metástases. Uma vez quebrada, a confiança é como Humpty Dumpty: difícil de consertar.
- **Perdoe.** Siga em frente sem o peso da traição. O perdão é a chave; mesmo psicólogos de almanaque reconhecem que aqueles

que cultivam a amargura prejudicam sobretudo a si mesmos. Ceder ao revanchismo é quase como se o traidor tirasse outro pedaço de nós. Jamais superamos a injustiça, ruminamos ao ponto da distração e permitimos que nosso contentamento seja medido pela quantidade de carne que extraímos do adversário. Mesmo na traição, "ame seus inimigos" funciona melhor que "olho por olho". O perdão é mais fácil quando percebemos que não terá nenhum efeito sobre a parte perdoada, a não ser talvez confundi-la. Mas pode nos devolver nossas vidas. Assim, em nome de sua própria saúde, a resposta-chave a uma traição é o perdão.

- **Não pense em vingança.** Ela raramente é doce. A desvantagem da retribuição é que ela leva ao egocentrismo, uma resposta que nos desmerece. Uma emoção muito mais produtiva é o luto pela perda, depois do qual temos a oportunidade de pensar no que aconteceu e tentar corrigir as falhas, sejam elas estruturais (má contratação, má supervisão), pessoais (sua própria desatenção aos requerimentos fundamentais da confiança: caráter, competência e autoridade) ou fruto da indolência (incluindo a ingenuidade pura e simples).

  Anos atrás, senti-me traído por alguém que estava certo de jamais poder perdoar. Um bom amigo me deu um exemplar de *O conde de Monte Cristo*, para que eu pudesse realizar indiretamente aquele que achava ser meu maior desejo. Durante o fim de semana, devorei o romance clássico de Alexandre Dumas, apreciando a vingança planejada por Edmond Dantès. Mas, como subtexto, percebi que seu esquema deliciosamente complexo não somente arruinou os três homens que haviam destruído sua vida, mas também o levou à beira da própria ruína, privando-o de alegria e deixando-o tão vazio quanto os três merecidos alvos de seu desprezo. Ele se tornou como eles, vencendo uma batalha, mas perdendo a guerra.

- **Se a restauração for possível, realize-a cuidadosamente.** Em alguns poucos casos, o perdão pode abrir caminho para a verdadeira restauração. As três precondições cruciais para isso são:
  - O genuíno reconhecimento, por parte do traidor, da quebra de confiança e do dano causado por ela, da perspectiva do traído.
  - Um pedido sincero de desculpas que reconheça a violação da confiança (sem racionalizações ou "poréns") — e o quanto antes, melhor — e assuma a responsabilidade, em vez de culpar fatores externos. Como um dos jovens empreendedores com quem trabalhei me ensinou, "Você não se desculpou até que a outra parte aceite suas desculpas". Restaurar a confiança é um processo de mão dupla.
  - A disposição de consertar as coisas, ou seja, fazer restituições.
- **Aceite o pedido de desculpas.** Não há uma fórmula exata para o remorso adequado. O pedido de desculpas de uma pessoa pode soar sincero e, mesmo assim, ser apenas outra manobra de um canalha habilidoso. Algumas pessoas ganham a vida com trapaças, criando momentos de "confie em mim". Certa vez trabalhei com um indivíduo que afirmava continuamente sempre colocar os interesses da minha família acima dos dele. Em retrospectiva, ele proclamava sua virtude com frequência demais. (A mãe de Hamlet tinha razão: é possível protestar em excesso.) Previsivelmente, meu antigo colega jamais se desculpou, buscou reconciliação ou chegou perto da ideia de restituição. Minha única opção era perdoar e seguir em frente. Soube que tinha perdoado quando meu foco se voltou para o futuro.

No fim do dia, ao avaliar a tentativa de outra pessoa de fazer as pazes, tudo que você pode fazer é usar seu discernimento. Você provavelmente reconhecerá contrição quando a vir. Se decidir que vale a pena retomar o relacionamento, assuma a decisão e foque no futuro. No caso da traição que me afetou tanto, depois de escolher perdoar, fiquei determinado a corrigir as deficiências em minha própria análise de confiança que haviam me custado tão caro. Então encerrei o capítulo ao decidir que nunca mais faria negócios com gente egocêntrica, na defensiva ou incapaz de sentir remorso.

6. **Instituições e companhias traem — e também podem se recuperar.** Ocasionalmente, companhias que enfrentam crises definidas por quebras de confiança emergem mais fortes como resultado. Considere a JetBlue. Em fevereiro de 2007, uma nevasca atingiu a Costa Leste, causando atrasos e cancelamentos generalizados dos voos. Como maior companhia aérea operando no Aeroporto Internacional John F. Kennedy, em Nova York, onde todas as decolagens foram canceladas, a JetBlue foi a mais atingida. Suas tecnologias de comunicação e reservas não permitiram que lidasse adequadamente com os passageiros presos no terminal e nas pistas. Muitas outras empresas aéreas sofreram igualmente durante o que se tornou conhecido como "massacre de Valentine's Day".

A resposta da JetBlue foi ao mesmo tempo agressiva e apologética. O fundador e CEO David Neeleman assumiu a responsabilidade em todas as redes de TV. Em um tom que um repórter descreveu como "voz embargada", Neeleman disse ao *New York Times* que estava "humilhado e mortificado". E, muito antes de o Congresso tomar iniciativas contra toda a indústria, a JetBlue rapidamente publicou uma Carta de Direitos do Consumidor e ofereceu compensação pelo *overbooking* e pelos vários atrasos. Isso custou muito dinheiro à companhia e, inicialmente, eu disse a Neeleman que ele poderia estar se mostrando arrependido e apologético demais. Afinal, tínhamos uma excelente reputação e contávamos com a boa vontade dos consumidores. Não poderíamos simplesmente nos desculpar, sem fazer concessões financeiras específicas? Como se viu, Neeleman estava certo e eu errado. Conseguimos nos recuperar totalmente daquele fiasco, parcialmente porque nosso pedido de desculpas não somente foi sincero, como também incluiu esforços voluntários de restituição.

Você pode pensar nos relacionamentos — no mercado e na vida pessoal — como um conjunto de depósitos e saques. Na JetBlue, a devoção continuada ao objetivo de ser uma companhia amigável foi um grande depósito. O massacre do Valentine's Day foi um grande saque. O pedido de desculpas genuíno e sincero, oferecendo compensações e criando a Carta de Direitos do Consumidor, foi outro grande depósito que ajudou a companhia a ganhar de volta a confiança pública.

7. A confiança vale os riscos. Em todos os relacionamentos humanos, a virtude da confiança é inegável. Mas não sem perigos. Somos humanos; as tentações são abundantes; a confiança pode sofrer. Confiar nos outros tem um preço contingente. Mas não confiar cobra uma taxa ainda mais alta. Os laços criados em relacionamentos de alta confiança são os que dão sentido à vida. Se você for cauteloso demais, preocupado demais, acabará com menos oportunidades e menos conexões humanas. Passará a vida calculando, protegendo-se, esperando o pior e tentando assegurar o poder e a posição que facilitarão a obtenção das coisas que acha que lhe trarão felicidade, riqueza ou fama. Em vez disso, viverá uma vida atrofiada ou condenará aqueles que trabalham com você a vidas menores do que merecem.

*

Durante mais de quatro décadas no mundo dos negócios, no contexto de mais de 2.300 diferentes investimentos — envolvendo *startups*, retomadas e companhias de rápido crescimento —, trabalhei com centenas de investidores e parceiros em todo o mundo e milhares de funcionários em dezenas de companhias pertencentes a múltiplas indústrias. Além disso, ensinei milhares de jovens destinados a serem os líderes de amanhã. Fico muito feliz em relatar que a mentalidade de Frank, meu ex-sócio, tem sido rara.

Quase todos os meus parceiros e praticamente todos os profissionais que mantive levaram suas obrigações a sério. Em minha experiência, o pequeno conjunto de exceções se destaca como objeto de estudo em meio a relacionamentos de alta confiança. Tendo sido traído — assim como qualquer um que esteja no mundo dos negócios há tanto tempo —, ainda opto pela confiança acima da desconfiança, pela dependência acima do voo solo e pela aplicação das dez leis da confiança acima das proteções da paranoia. Hoje, todavia, tenho mais cuidado em assegurar que caráter, competência e autoridade estejam presentes em todo relacionamento confiável. Presto mais atenção à minha escolha de parceiros e representantes e à necessidade de responsabilidade.

Após muitos anos no mundo dos negócios, com minha família e em minha comunidade — em resumo, muitos anos de uma vida afortunada —, concluí que gerenciar cuidadosamente a confiança vale os riscos. Na verdade, viver sem confiar profundamente nos outros é ainda mais arriscado, muito menos satisfatório e apresenta muito menos probabilidade de resultar em maximização do potencial. A todos que necessariamente precisam confiar para liderar e ser liderados, ofereço minha experiência de vida como prova do extraordinário poder da confiança e da enobrecedora aventura de trabalhar em ambientes de alta confiança.

AGRADECIMENTOS

Se há alguma lição útil neste curto livro, ela se deve à minha criação. Meus pais confiaram em mim muito antes de eu merecer. Eles tornaram difícil decepcioná-los. Agora vejo que sabiam o que estavam fazendo quando me ensinaram a amar a sensação de ser confiável — tanto quanto odiava decepcioná-los.

Em pouco tempo, os pais de meus amigos passaram a permitir que os filhos saíssem se estivessem comigo. Isso porque, em suas palavras, minha presença era como "ter um acompanhante de 40 anos". Embora eu certamente odiasse esse rótulo na época, agora olho para trás e o vejo como reflexo de uma mentalidade que foi muito útil durante minha vida adulta.

Criei sete filhos, acreditando neles antes que pudessem se provar dignos de minha confiança. Eu tinha certeza de sua confiabilidade final e, mesmo quando me desapontaram, permaneci confiante em sua habilidade de compreender a situação, com suficiente tempo e apoio. Raramente eles me desapontaram por muito tempo — e seu amor e suas visões de mundo me tornaram uma pessoa melhor.

Nos negócios, durante quase cinquenta anos, tive mais de trezentos parceiros em todo o mundo. Somente um minúsculo grupo se provou indigno de confiança. Lidar com funcionários, fornecedores, distribuidores, financiadores, banqueiros, advogados, doutores e outros membros das equipes tem sido gratificante, embora não perfeito. Na maioria dos casos, a confiança gera lealdade, que aumenta ainda mais a confiança e torna os negócios mais rentáveis, eficientes e prazerosos. Sou grato a todos que me ajudaram a fortalecer o ciclo de feedback que sempre acreditei ser a melhor maneira de fazer negócios e de viver.

Também quero agradecer aos milhares de estudantes que ensinei nos últimos 23 anos na Escola de Negócios de Stanford. Eles são brilhantes, idealistas, capazes e dignos de nossa esperança, nosso otimismo e nossa confiança. O mundo está em boas mãos com a próxima geração, que me ensinou a acreditar que estamos em melhor situação do que algumas manchetes podem sugerir.

Embora os frutos da confiança tenham sido abundantes em minha vida, também experimentei a traição, que por sua vez me ensinou muito sobre confiança: em quem confiar, o quanto confiar e como reparar a confiança danificada. Sou grato pelos (não aos) patifes que conheci e por ter sobrevivido ao pior que podiam fazer, tendo assim refinado minha abordagem da confiança.

Muitos amigos e colegas se mostraram dispostos a ler meus vários esboços e manuscritos. Sou muito grato por isso, e o livro é melhor por causa deles. Bob Whitman — meu parceiro durante três décadas na Trammell Crow, no conselho da FranklinCovey e cofundador da Whitman Peterson — tem sido um paradigma de confiança e lealdade. Stephen Covey escreveu o prefácio deste livro, o que é uma honra. Ele contribuiu para o poder e a velocidade da confiança para toda uma geração.

Charles O'Reilly, meu colega em Stanford com quem lecionei um curso de liderança na última década, aguçou continuamente meu modo de pensar. E Rod Kramer, outro colega de Stanford, que já arou o campo da dinâmica da confiança organizacional, fez uma revisão magnífica do esboço original, tendo o cuidado de fornecer os estudos acadêmicos e os exemplos da vida real que apoiam este livro. Sou grato também a Jeff Pfeffer, de Stanford, de quem discordo em muitos tópicos sobre liderança, mas cuja abordagem provocativa admiro e sem a qual poderia jamais ter escrito sobre minhas próprias experiências.

AGRADECIMENTOS

Peter Robinson, membro sênior da Instituição Hoover, e seu sócio Joe Malchow me encorajaram a colocar as palavras no papel e refiná-las. Jim Hnat, conselheiro geral da JetBlue, foi o editor inicial que me forçou a aperfeiçoar minhas ideias imprecisas. Os comentários de meu amigo de vida toda, Randy Paul, foram inestimáveis.

Sou grato a Stephen S. Power, da Amacom, que teve a ideia original e me convidou a escrever um livro sobre a construção de empresas de alta confiança. Se não fosse por ele, este livro não existiria.

Acima de tudo, sou grato a minha esposa Diana, a melhor parceira que alguém poderia ter. Ela esteve ao meu lado nos altos e baixos e confiou que eu reencontraria o caminho todas as vezes que me perdi. Foi uma parceira-chave na escrita deste livro, tanto colocando minhas ideias no papel quanto refinando a maneira de expressá-las. Na mesma linha, sou grato a David A. Kaplan, cuja habilidade de escrever claramente, encontrar exemplos e evitar os pensamentos imprecisos foi inestimável. Seu bom humor e sua energia jamais falharam durante nossa parceria para escrever este livro.

Finalmente, tenho uma grande dívida para com todos os muitos sócios, colegas, amigos e parceiros de negócios que infalivelmente deram um passo a mais como fiduciários, fornecedores de serviços e companheiros de viagem. Quando ocasionalmente passei por estradas esburacadas e incertas, fiquei impressionado com o fato de a maioria das pessoas fazer seu melhor para ser digna de nossa confiança, quando a concedemos. Sou grato por ter concluído que ter uma vida de relacionamentos de alta confiança é um objetivo realizável. E que superar a ocasional traição da confiança é possível. Essa é a mensagem central deste livro.

ÍNDICE

A

abertura radical, 76
ação, 50
    sincronizando palavras com, 34-35
Adelphia Communications, 88
Allison, Scott, *Heroes: What They Do and Why We Need Them*, 63-64
altruísmo, 20
Amazon, 65
amor, como motivador, 25-26
Apple, 79-80
Armstrong, Lance, 109
arrogância, 88
atitude positiva, 74
    vs. negativa, 41
atletas, sonhos dos, 61
autenticidade, 34
Autodesk, 72
autoridade, 22-23, 105

B

Beagle, Peter, *The Last Unicorn*, 66
Benioff, Marc, 38, 56
Boeing, 20, 89

Boneparth, Caroline, 68-69
Boston Red Sox, 42
Branson, Richard, 47
Buffett, Warren, 53, 77

C

capitalismo, perda de confiança no, 88
caráter, 22-23, 33, 105
celebrações, 47, 91
clientes, confiança dos, 106
Collins, Jim, *Empresas feitas para vencer*, 87
Como chegar ao sim (Fisher e Ury), 94
companhias, traição das, 114
competência, 22-23, 33, 105
comprometimento, 101
comunicação, 71-77
    princípios para a construção de confiança, 73-77
confiança frágil, 21
confiança mútua, 23
confiança organizacional, 59
    história e, 91
confiança pública, traição e, 109

confiança recíproca, 23, 99
confiança representativa, 24, 99
confiança
   responsabilidade para aumentar a, 58
   construindo com o tempo, 19, 100
   princípios de comunicação para a construção da, 73-77
   condições para, 22-23
   poder da, 17, 19-29
   restaurando, 105-116
   tipos, 23-26
conflito, 79-85
coragem, 80
corrupção, 31-32
Covey, Franklin, 57
Covey, Stephen R., 37
crédito, responsabilidade e, 58
culpa, 51

D

de Gaulle, Charles, 87
De Pree, Max, 71
   Leadership Without Power, 100
debate, 80
declaração de missão, 62-63
   vs. líder, 90
   erros, 81-82
   esperando, 50-51
   punição de, 107
depreciação, 41
desconfiança dos funcionários, 48
desrespeito, 42
dever
   como motivador, 25-26
   para com os outros, 101
Dorrance, Anson, 68
Drucker, Peter, 80

Dumas, Alexandre, *O conde de Monte Cristo*, 112
Dweck, Carol, 51

E

Ebbers, Bernie, 21
Edmondson, Amy, 51
egoísmo *vs.* generosidade, 20
Eisenhower, Dwight, 74
empoderando outros, 45-53
Empresas feitas para vencer (Collins), 87
enfrentamento da realidade, 85
Enron, 20, 88
Evernote, 47
expectativas, clareza nas, 55-56, 57-58

F

faculdade de Design de Stanford, 50
Fastow, Andrew, 88
feedback, 38-39
férias, 47
Fiorina, Carly, 89
Fisher, Roger, *Como chegar ao sim*, 94
Flores, Fernando, 51
Ford, 20
fracasso, 51
   confiança após, 45-46
FullContact, 47
funcionários
   interação social, 91
   tratamento dos, 89

G

generosidade, 35
   vs. egoísmo, 20
gentileza *vs.* respeito, 41-42

Global Crossing, 88
Goethals, George, *Heroes: What They Do and Why We Need Them*, 63-64
Google, 46, 72
  sede, 39
gratidão, 91

H

hábito, integridade como, 35-36
Harris, Brian, 81
Harvard Business Review, 51
Hastings, Reed, 47
Heroes: What They Do and Why We Need Them (Allison e Goethals), 63-64
Hewitt, William A., 89-90
Hewlett-Packard, 40
hipocrisia, evitando, 35
Hirshberg, Jerry, *The Creative Priority: Driving Innovative Business in the Real World*, 80
histórias de heróis, 63-64
honestidade, 72
  nas negociações, 95
HubSpot, 47
humildade, 87-92

I

Iacocca, Lee, 96
integridade pessoal, 31-36
integridade, 31-36, 77
interesses de longo prazo, 102
investimento, respeito como, 40-41

J

JetBlue, 64, 65, 91, 114-115
Jobs, Steve, 34, 79

John Deere, 89-90
Johnson (S.C.), 72

K

Kimberly-Clark, 72
Kramer, Rod, 28, 39

L

Ladder Capital Finance, 81
Lay, Kenneth, 88
Leadership Without Power (De Pree), 100
líderes
  compartimentalização das vidas, 31-32
  importância de, 88
  silêncio advindo de, 84
linguagem corporal, 75
lucros e missão, 62-63
Luís XIV (França), 89

M

Madoff, Bernard, 21, 108
Maquiavel, Nicolau, 100
más notícias, partilhando, 73-74
massacre de Valentine's Day, 114
McMillon, Doug, 89
McMullen, Rodney, 89
mediador, 83-84
medidas de desempenho, 46
medo, 25-26, 102-103
melhores ideias, 83
melhores práticas, 50
mentalidade de crescimento, 51
mercado imobiliário, 81-82
métrica, 55-59
Microsoft, 65

missão, inclusão da, 62
Molière, 105
moral, falta de confiança e, 21
motivadores, hierarquia dos, 25-26
móveis para escritório Herman Miller, 71
Mulally, Alan, 20, 89
Musk, Elon, 77

N

NBA, declaração de missão, 64
Neeleman, David, 114
negociações mutuamente vantajosas, 93-97
negociações, ganho mútuo, 93-97
Netflix, 47
Nordstrom, 52
nos orçamentos, 76

O

O conde de Monte Cristo (Dumas), 112
objetivos, simplicidade no estabelecimento de, 65
orçamentos e prioridades, 76-77
organização, nível de confiança da, 26
otimismo, confiança e, 19
ouvir como sinal de respeito, 37-38

P

padrões, 83
palavras, sincronizando com a ação, 34-35
paranoia, 52
participantes importantes, 63
partilha de informações, 71-77
passado, esquecendo, 50
pedidos de desculpas, 113-114

Pentland, Alex "Sandy", *Social Physics: How Good Ideas Spread*, 38
Pepsi, 65
perdão, 111-112
perspectivas, buscando múltiplas, 84
Peters, Tom, *Vencendo a crise*, 50
Peterson Partners, 75
Petraeus, David, 32
Pfeffer, Jeff, *Power: Why Some People Have It — and Others Don't*, 27-28
planejamento *vs.* ação, 50
poder, declínio da confiança e, 26-28
prioridades, orçamentos e, 76-77
produtividade, falta de confiança e, 21
propriedade intelectual, partilhando, 76
pseudoconfiança, 24-25, 99

Q

Quirky, 47

R

realizações, celebrando, 91
recompensa, 25-26
reconciliação após traição, 110-111
reconhecimento, 91
respeito, 37-43
  nas negociações, 95
responsabilidade pela traição, 110
responsabilidade, 52, 55, 56-57
risco, 17, 114-116
Room & Board, 46

S

S.C. Johnson, 72
sacrifício, pelos sonhos, 65-67
Salesforce, 56

satisfação dos funcionários, comunicação interna e, 71
Sawyer, Diane, 32
Schultz, Howard, 33, 67
segredos, 76, 107
Shaw, George Bernard, 97
silêncio da liderança, 84
Silver, Adam, 64
simplicidade no estabelecimento de objetivos, 65
sistema de castas, 89
Skilling, Jeff, 88
Social Physics: How Good Ideas Spread (Pentland), 38
Solomon, Robert, 51
sonho comum, 61-69
sonhos, sacrifício pelos, 65-67
Starbucks, 33, 67
Steinbrenner, George, 35
suposições, 49
Sutton, Bob, *The No Asshole Rule*, 21

T

Tapscott, Don, 76
tecnologia, 79-80
The Creative Priority: Driving Innovative Business in the Real World (Hirshberg), 80
The Last Unicorn (Beagle), 66
The No Asshole Rule (Sutton), 21
trabalho em equipe, 18
traição, 99, 105-106
  probabilidade de, 107
  dor da, 108
  confiança pública e, 109
  reconciliação após a, 110-111
  risco de, 28-29

Trammell Crow Company, 64, 81-82
transparência, 72
Truman, Harry, 55
Tyco, 88

U

Ury, William L., *Como chegar ao sim*, 94

V

V2MOM, 56
valores, estabelecendo, 36
válvulas de segurança, 84
Vencendo a crise (Peters), 50
vingança, 112
vingança, 112
visão, 61
  substituindo a antiga, 64-65
vitória, definição de, 57

W

Walmart, 89
Williams, Anthony, 76
Williams, Thomas, 46
Wilson, David Sloan, 20
Wilson, E.O., 20
Wolfson, Mark, 42
workaholics, 47
WorldCom, 21, 88

Z

Zappos, 73

Este livro foi composto na tipografia Adobe
Garamond Pro, em corpo 12/16, e impresso
em papel off-white no Sistema Cameron da
Divisão Gráfica da Distribuidora Record.